プロパガンダ戦争

分断される世界とメディア

正典
Naito Masanori

a pilot of wisdom

目次

「テロとの戦い」は行き詰まった
「文明vs.野蛮」による世界の分断
アフガニスタン侵攻をめぐるメディアの姿勢
恣意的に使われた「テロとの戦い」
凶悪な「テロ組織」に対する報道の一面性
「テロとの戦い」に飲み込まれたメディア

第三章 ヨーロッパの分断、ヨーロッパとの分断

難民危機によるヨーロッパの分断
イスラーム嫌悪とユダヤ嫌悪
メディアは異質な人間の到来をどう伝えたか?
難民を移民にすり替えたヨーロッパのメディア
難民受け入れ国の窮状は伝えられなかった
分断を見過ごしたのか、それとも無視したのか?

第四章　トルコ・バッシング

トルコはなぜ嫌われたか？
シリア内戦と「イスラーム国」の台頭
米・ロの代理戦争という誤認
「国を持たないクルド人」の戦い
トルコとクルドとの関係は永遠の抗争か？
対クルド政策を変えたエルドアン政権
クルド武装勢力に対する掃討作戦
アメリカの裏切り
グラハム上院議員の本音、トランプ大統領の果たし状
フェイクニュースの波状攻撃
トルコは「イスラーム国」を支持したのか？
リアルポリティクスの主役はロシア
バグダーディー殺害の闇

はじめに

紛争、内戦、戦争、排外主義……。冷戦が終焉《しゅうえん》を迎えた一九九〇年から二〇二〇年までの間、世界には、いくつもの分断が生まれました。そして二〇一九年冬以降、忽然《こつぜん》として世界規模で吹き荒れた感染症、新型コロナウイルス（COVID-19）禍は、差別、格差の拡大と分断に拍車をかけています。

分断は、必ず強者によって行われますが、弱者は分断によって、より過酷な状況に追い込まれます。「弱者」は英語で、vulnerable と言いますが、絶対的に弱いのではなく、傷つきやすいという意味での弱者です。分断は、傷つきやすい人びとを排除する結果をもたらします。最初からそれが目的で分断の線が引かれることも少なくありません。だからこそ、分断を少しでも修復するには何が必要なのかを考えなければなりません。

私たちは普段、メディアを通じて世界で起きているさまざまな事象に関する情報を得ます。インターネットが普及する以前は、新聞やテレビのようなマスメディアが主流でした。ジャーナリストたちは、世界を飛び回ることで事件や戦争を取材し、報道してきました。二〇世紀においては、こうしたジャーナリストの仕事が世界を知る上で大変大きな貢献をしたことに疑いの余地はありません。

マスメディアは世界に分断をつくりだすためのプロパガンダにも使われます。世界には、国営の通信社やテレビ、ラジオなどを持つ国がいくつもありますが、国営メディアというものは基本的に国策に従います。異なる視点からの報道を強く規制している国もあります。

その一方で、政府の見解とは異なる主張をすることができる場合でも、知らず知らずのうちに、一つの方向に報道が誘導されていることがあります。そして、言うまでもなく私企業としてのメディアはスポンサーの意向に左右されることがありますし、時の権力を忖度《そんたく》した報道をすることもあります。

イスラームに関連したトピックは、この問題がよりグローバルに表出する典型です。巨大な文明圏を単位とするプロパガンダが行われるのです。この場合、「あの国だからこんなことを言うのだ」というほど単純な問題ではありませんので、見逃されることが多くなります。「アメリカのメディアでもフランスのメディアでも同じことを言っているのだから、きっとそうなのだろう」という話が、実は異なる文明圏から見るとまったく別の構図に見えることがあるのです。

情報をどこから得ているのか。どんな姿勢で起きている現象を見ようとしているのか。日本では、外国に関する報道は、たいていの場合、欧米諸国の有力メディアと歩調を合わせることが多いようです。それが、自分自身の目で見て、現地の人の声を聞いた上での報道なら、それでよいのです。しかし、予備知識もない地域で起きる事件、紛争、災害などについて、現地の人の話を直接聞いて取材できるジャーナリストがいったいどれくらいいるでしょうか。現実には、ほとんどいないはずです。英語のできる助手を使って取材をする。向こうから何かを訴えたくて近づいてくる人の声を拾う。それがいけないとは言いませんが、ここに問題が隠されています。

特に、紛争や内戦のように、利害の対立する集団が争っている場合、双方の当事者の声を聞き、背景となっている歴史を学び、それから報道するジャーナリストは、ほんのわずかしかいません。しかも、彼らが確信をもって、多くの報道機関とは違う姿や声を拾い上げたとしても、組織としての部局や本社はどうでしょう。いや、そんなことはないだろう、そこまで言えるのか等々、紙面でも番組でも、上に判断がゆだねられるにつれて、守りの姿勢が強くなり、現場の生々しい情報は、トーンダウンし、角の取れたものになっていきます。

本書では、研究者としての知見だけでなく、私がこれまで新聞や報道番組でコメントしたときに考えたことを基《もと》にしています。私はプロのジャーナリストではありませんが、ジャーナリズムの周縁にいて、多数のメディアとつきあいました。PRESS（報道）の許可証を取って難民キャンプなどの現地に入り、当事者にインタビューをしたこともありますし、パリ、ベルリン、イスタンブールなどから中継でテレビのニュースでコメントしたこともあります。

そこで話したことが、東京サイドで予定していた筋書きと違って、本社の方がずいぶん慌てたこともありました。私はひとりの研究者で、そこで何を話しても企業としてのマスメディアの見解ではありませんから、さほど問題にはなりませんでしたが、メディア企業の社員としての記者やディレクターたちは、ずいぶん苦労していることも知っています。

インターネットを介した情報が溢《あふ》れる今、誰もがどこにいても、あらゆる言語による世界の情報にアクセスすることが可能になりました。しかし、情報を得られたとしても、溢れる情報を精査し、その信憑《しんぴょう》性はどの程度あるのか、どの角度から見たらそう見えるのか、その視点は誰のためのものか、それらを知らないままでは世界で起きていることを理解できません。

さて、新型コロナウイルスによる感染症の拡大は、まさしくグローバルなもので、人種、民族、宗教、そして国も選びません。しかし、危機に対するグローバルな協力よりも分断の方が目立ちます。初期の段階から、アメリカでも日本でも、感染が中国から始まったことを非難する声、「生物兵器ではないか」という陰謀論に加えて、欧米ではアジア系の人に対する差別が一気に噴き出しました。アメリカのトランプ大統領は、新型コロナウイルスを「中国ウイルス」と呼ぶことに固執し、「世界保健機関（ＷＨＯ）が中国中心主義だ」と非難を繰り返しました。

ヨーロッパ諸国もまた、この感染症によって大きな犠牲を払いました。五月七日、イギリスのスカイニュース（sky news）が、イギリスでの新型コロナウイルスによる死者は、黒人が白人の四倍に達するという国立統計局のデータを報じました。パキスタン出身者とバングラデシュ出身者の死者は、男性で白人イギリス人の三・六倍、女性で三・四倍だったそうです。インド出身者の場合は、男性で白人イギリス人の二・七倍、女性で二・四倍、中国系では男性で白人イギリス人の一・九倍、女性では一・二倍だったというのです（Coronavirus: Black people four times more likely to die with COVID-19 than white people-ONS, ＯＮＳ＝The Office for National Statistics）。

イギリスのエスニック・マイノリティは、インド、バングラデシュなど、旧イギリス植民地やカリブ海地域出身の移民が多く、黒人はアフリカの旧植民地出身者が多くを占めています。イギリスの移民たちは、同じ母国を持つ人びと、同じ宗教の人びとが一つの地区にかたまって住んでいました。当然、親族や知人との往来も濃密になります。そのため、今回のような感染症が起きると、同じ地区の中で感染が拡大したようです。さらに、貧困の問題や医療へのアクセスの難しさ等が背景にあります。ここには、一つの国の中での貧富の格差や人種、民族、宗教による分断が、新型コロナウイルスの感染症によって生死を分かつ重大な境界になっていたことが現れています。

そして、この新型コロナウイルスによるパンデミックの衝撃があまりに大きすぎて、私たちは、テロ、内戦、難民、移民等、深刻な問題に直面していたことを忘れてしまいがちです。パンデミック以後の世界。それは、パンデミック以前からの分断を修復する方向には進まないと私は考えています。残念ながら、分断はより深刻なものとなり、新たな衝突を生むことになるでしょう。

一方、メディアは、分断を激しくすることも、修復することもできます。いずれの役割を果たすのかは、メディアを通じて報道するジャーナリズムにかかっています。

本書では、冷戦が終わっておよそ三〇年の間に生まれた内戦や戦争等の暴力の問題から、今、私たちが渦中にあるパンデミックに至るまで、私がこれまでに中東やヨーロッパで見てきた出来事をいくつか抜き出して、メディアが果たした役割を考えてみます。

冷戦後の世界では、民族による対立、宗教による対立などが複雑に絡み合っていきます。その結果、対立するあらゆる勢力による「プロパガンダ戦争」が展開されてきました。衝突している当事者が持っているメディアは積極的にプロパガンダを発信します。当事者たちは、世界の流れを自分たちに有利にするために他のメディアを誘導します。「プロパガンダ戦争」の真の問題はここにあります。キーワードは「迎合」と「抵抗」です。メディアは、巨大な政治的なうねりに迎合することもあれば、抵抗することもあるからです。

本書に紹介していくのは、今、展開されている「プロパガンダ戦争」に対する私の見立てです。別の視点から見たら、異なる見立ても成り立ちます。そのことを前提とした上で、パンデミックの渦中とその後の世界を生き延びるための一助としていただければ幸いです。

第一章　世界の分断を俯瞰《ふかん》する

冷戦の崩壊が秩序の崩壊をもたらした

一九八九年一一月にベルリンの壁が崩壊し、冷戦が終焉を迎えてから約三〇年が経《た》ちました。残念ながら、冷戦後、世界は新しい秩序を構築することができませんでした。冷戦の時代には、アメリカと西欧を中心とした資本主義陣営とソビエト連邦や中国が中心となった社会主義陣営とが対立し、朝鮮戦争やベトナム戦争等の代理戦争やキューバ危機といった衝突が幾度も起きました。

ですから一九九一年にソ連が崩壊し冷戦が終わってからは「これからは平和な世界になるのだろう」と、多くの人が期待しました。しかし、その後の現代史を見ると、冷戦後になって、テロのような暴力、紛争、そして内戦が急増したことは明らかです。

対立軸を見失った世界

一九九〇年代。このころから、ジャーナリズムに混乱が生まれます。冷戦時代には、少なくとも、対立する二つの勢力を軸に世界で起きている現象を眺めていれば、なぜ衝突し、戦争に至ったかは理解できました。社会主義と資本主義、あるいは社会主義と自由主義という大きな分断が世界を特徴づけていた間は、その分断線を見ていれば、世界を理解できたつもりになれたのです。

そして「どちらを支持するか」をはっきりさせれば、後は世界で起きていることをある程度説明できたのです。対立する二つの勢力のどちらにアメリカがいて、どちらにソ連や中国がいるのかがはっきりしていれば、その対立を冷戦構造の中で理解することができたからです。

しかし、冷戦が終わってすぐに起きた旧ユーゴスラビア紛争（一九九一～九九年）では、セルビア人、クロアチア人、ボシュニャク人（ボスニアの住民で、紛争当時は「ムスリム人」という奇妙な名称で呼ばれていた）が、ルワンダ紛争ではフツとツチという民族が衝突しました（一九九〇～九三年ごろ）。ジャーナリストたちも、原因が何なのか、どちらの言い分が正論なのか、すぐには判断がつかなくなっていきます。民族や宗教が絡み合って、突然、相手を抹殺しようとする暴力が出現したからです。

現地の情報が少ない中で、ジャーナリストも政治家も土地勘がなく、その土地の人と会ったこともない地域の事情を把握することは困難でした。こうした情報に乏しい地域での対立は、当事者だけでなく利害関係のある外国も、盛んにプロパガンダを展開しますので、情報戦の中で一方が断罪されることもしばしば起こります。

そもそも、民族に、良い民族や悪い民族などあり得ません。宗教というものは、信じている人にとっては、自分の信じている宗教が基本的に良いものであって、他人の信仰は良いものには見えないという特徴があります。もちろん、だからといって他の宗教を信じる人の存在を否定して良いというものではありません。

迫害に関する報道となると、ジャーナリストは加害者と被害者に分けて白黒をつけようとします。ともすれば、それは冷戦時代の二項対立的な見方を引きずったままでした。

犠牲者が増えてくると、何とかしなければと国連も紛争を止めようとします。しかし、誰と誰が、何をめぐって争っているのかはわかっても、いずれに正義があるのかを簡単に判断できないので、衝突を止めることができませんでした。特に、対立する当事者のバックに国連安全保障理事会の常任理事国がいると、当事者を守ろうとして制裁決議案を拒否し続けます。その間に犠牲者は増え続けました。

そして悪いことに、新聞やテレビ局のような伝統的・大企業メディアは、白黒がつかない問題には飽きてしまいます。白黒がついても、さまざまな権力に忖度して、切っ先の鋭い報道はしなくなります。少数のフリーランスのジャーナリストが地道な調査報道を継続することが多いのですが、残念ながら彼らには資金がありません。

分断の犠牲者は、戦争の起きた場で命を失った人だけではありません。命を守るために国境を越えて、難民となった人たちがいます。あるいは、紛争の続く母国に住んでいても未来が開けない、どうやっても貧困から抜け出すことができない、自由もないという人たちが、豊かで安定した世界をめざして、大挙して移動する現象も起きています。パンデミックの最中、彼らは消えたわけもなく、難民キャンプや粗末な家で肩を寄せ合うように生きています。しかし、彼らの姿、分断の最悪の犠牲者の姿に、メディアを通じて触れることはほとんどありません。

これまで世界における最大の秩序の基盤は、主権と領域と国民を持つ国家だったわけですが、これが液状化し、崩壊が始まっています。冷戦時代は国家のグループ同士が争うという形でしたが、国家が崩壊したまま放置されることはありませんでした。むしろ現代と比べると、冷戦時代には一定の秩序があったというのはそういう意味です。

それにしても、日本にいるとわかりにくいですが、西アジアからアフリカにかけての地域では、国家秩序が完全に崩壊した国、いわゆる破綻国家が急激に増えています。そこに、新型コロナウイルスというグローバルな脅威が覆いかぶさったのです。

分断を目の当たりにして

一〇年前に遡ってみましょう。二〇一〇年、チュニジアに始まった中東の民主化運動「アラブの春」は、急速にアラブ諸国に広がりましたが、チュニジアを除くとほぼ失敗に終わりました。失敗どころか、ただでさえ脆弱《ぜいじゃく》な国家の秩序が崩壊してしまう事態となっています。

チュニジアで、二三年間にわたるベン・アリ大統領の独裁政権が市民の民主化運動によって倒されたのは、二〇一一年の一月でした。その後、自由な選挙を実施した結果、イスラーム主義のエンナハダという政党が勝利して与党になります。

しかし、それまで世俗主義を採っていたこの国の国民の約半分は、イスラームが政治に出てくることを望んでいませんでした。ここで、与党がイスラームを前面に押し出した政治をしていたら、おそらくエジプト等の国のようにチュニジアも国内が分断され、衝突を繰り返すことになったでしょう。

そこに、チュニジア労働総同盟（労働組合）、チュニジア産業・工業・手工業連合（経営者の組織）、チュニジア人権擁護連盟（人権団体）、チュニジア全国法律家協会（弁護士を中心とする法律家の団体）の四者が「国民対話カルテット」を組んで、調整に乗り出したのです。イスラーム政党の側と宗教色のない世俗主義的な政党が衝突しないように、対話につぐ対話をコーディネートしていきました。

これが奏功して、チュニジアは何とか意見の異なる勢力が暴力でぶつかり合い、軍が力ずくで政治を抑えるという事態を避けることができたのです。ひとたび軍が政治を仕切ってしまえば民主主義は死にます。

今、振り返ってみると国民対話カルテットは、この一〇年、分断を修復に向かわせた世界で数少ない成功例と言っても良いでしょう。四つの団体は二〇一五年にノーベル平和賞を受賞しています。しかし、チュニジア以外の国々、地域はどうなったでしょうか？

二〇一一年以来、内戦がいまだ終結しないシリア、国連が何度となく「最悪の人道危機」と警告しても内戦が止まらないイエメン、そして独裁者を追放した後、国連が承認している政権を軍閥が攻撃し続けるリビア、二〇世紀末からずっと秩序を回復できないソマリア、気候変動による旱魃《かんばつ》の問題も加わって深刻な食糧危機とイスラーム過激派の暴力で治安の悪化に苦しむマリ、ニジェール、ブルキナファソ等、西アフリカ諸国……。

東南アジアでは、ミャンマー政府から追放されて将来に展望を見出《みいだ》せない膨大なロヒンギャ難民。南米に目を転じればベネズエラに端を発して、ボリビアやコロンビアにまで拡大した経済の破綻と貧困層の流出。独裁的な政権のもとで経済が疲弊し、パンデミックによる犠牲者が増え続けるブラジル。過去一〇年で国家秩序が機能しなくなった国は枚挙に遑《いとま》がありません。

アメリカでさえ、パンデミックの続く中で、白人警察官が黒人のジョージ・フロイドさんを殺害するという恐るべき人種差別事件が発生し、瞬く間に各地で抗議活動が展開されました。人種問題は、非常に古い歴史のある分断の問題です。それさえ、今の世界に、突然生々しく蘇《よみがえ》ってくるのです。

しかし、Black Lives Matter は大きく報じられても、ほぼ時を同じくして起きた、イスラエルの警察がエルサレムの旧市街で、障害を持つ一人のパレスチナ人の青年を射殺した事件は、フロイドさんの事件と同じように、日本でも報じられたでしょうか？

「イスラエル警察に射殺された自閉症のパレスチナ人、復讐《ふくしゅう》の叫びの中で葬儀」

（BBC〈イギリス〉、二〇二〇年六月一日）

「殺された自閉症のパレスチナ人の家族、捜査には楽観していない」

（アルジャジーラ〈カタール〉、二〇二〇年六月三日）

イヤド・ハラクさんというこの青年は、自閉症スペクトラムがあり、支援学校に通う途中でした。彼が持つ携帯電話を拳銃と見間違えた警察官によって追われたのですが、他人とのコミユニケーションを取ることが難しかったハラクさんは逃げようとして射殺されたのです。もちろん、パレスチナのメディアやカタールの報道専門局アルジャジーラは、この問題をアメリカでのジョージ・フロイドさんの殺害と同じレイシズムの問題として報じました。しかし、世界は関心を向けなかったのです。

ジョージ・フロイドさんの殺害は全米を巻き込んだだけでなく、世界で奴隷制度や植民地支配に対する激しい抵抗運動につながりました。トランプ大統領は、歴史上の人物の銅像などに対する破壊行為を左翼による暴力だとして激しく非難し、同調するメディアを使って反撃のプロパガンダを展開します。

イヤド・ハラクさんの殺害について、イスラエルのネタニエフ首相は、誤って殺害したことを認め「悲劇だ」と発言しましたが、折からイスラエル政府が進めようとしていた入植地の併合政策もあって、パレスチナ人の怒りはますます激しさを増していきます。イスラエルのメディアは、ネタニエフ首相に必ずしも同調しないので、首相側がプロパガンダ戦争に乗り出すことはありませんでした。しかし、結果的にPalestinian Lives Matterは、パレスチナから世界へと広がることはなかったのです。同じレイシズムの問題でありながら、報道はあまりに非対称だったのです。

こうした報道の非対称性の問題の背後にも、例外なく、深刻な分断や亀裂が存在します。そんな中で多くの人は自分の世界観で「正しさ」を判断し、それに基づき考えを述べ、軽重を計って行動します。

どの立場が正しいのか、どの出来事が重要なのか、それを判断する情報があまりに乏しい場合には、正義がどこにあるかを簡単に決めず、一歩立ち止まって考える必要があると思うのです。ある価値観に従って自分が正しいと思っていることを発言し、行動することによって、ひょっとしたら別の分断の状況がより見えにくくなるのではないか、ということを考えてみることは、今の世界では非常に重要になっているのです。

一方が正しく、他方が間違っていると断定しても、国際間の協調で衝突を抑制する方向には行かないのが冷戦後の紛争の特徴です。欧米や日本でほとんど報道されない事件が、結果的に大きな火種となることもあるのです。放置すれば膨大な犠牲が生じる分断を、何とか是正し、修復する方向に言論、メディア、政治も転換していかないと、この秩序の崩壊は際限なく人を苦しめることになります。

情報弱者の日本人

自分の住んでいる国では、大きな事件に際して、どのメディアが政権寄りで、どのメディアが政権に批判的かをめぐってしばしば大論争になります。近年、自分の気に入らない側のメディアには「フェイクニュースだ」と批判することも珍しくありません。アメリカのトランプ大統領が、フェイクニュースという言葉を使い出してから、この傾向は世界的に急速に広まったように思います。

しかし、外国のことになると、言葉の壁と情報の少なさによって、どれがフェイクニュースなのかさえ、判断できないことがほとんどではないでしょうか。日本では、欧米諸国に比べて、外国で起きている事象についてのニュース、報道、解説、どれをとっても少なすぎるのです。例えば、新型コロナウイルスのパンデミックの直前も世界は大変な混乱の中にありましたが、日本ではほとんど報じられていませんでした。

二〇二〇年一月、中東のシリアでは内戦の最後の局面で、新たに一〇〇万人近い国内避難民が発生していました。アメリカはイランの革命防衛隊のソレイマニ司令官をイラクで爆殺し、一触即発の危機になりました。イエメンでは内戦で毎日のように子どもたちの命が危機に瀕していました。西アフリカのブルキナファソでは武装勢力による攻撃が続き、八〇万人以上が家を追われていました。

しかし、これらのことは、報道されてもほんの一瞬で、その後どうなったかを報じるメディアはほとんどありません。しかし、どれもこれも、その後に傷口が大きく開き、重大化していくことばかりだったのです。にもかかわらず、日本の大企業としてのマスメディアは、読者や視聴者が知りたがるテーマには、人も予算もつけますが、日本人が関心を持たないだろうと決めてしまうと取り上げません。これは、個々のジャーナリストの責任というよりも、利益を追求する私企業としてのメディアの構造的限界です。事態の軽重が認識できれば、それらの事件は決して無視はできなかったはずなのです。

新型コロナウイルス報道と「分断」

さて、新型コロナウイルスによるパンデミックについては、日本でも多くの国際報道がありました。しかし、海外での状況に関する報道には、まず地域に偏りがありました。中国、韓国、台湾、そしてイタリア、フランス、イギリス等のヨーロッパ諸国、そして大惨事となったアメリカやブラジルについては多く報じられました。しかし、中東やアフリカ、そして東南アジアから南アジア諸国の状況はほとんど伝えられませんでした。

内容にも偏りがありました。例えば、日本では緊急事態宣言が出された四月七日以降も、新型コロナウイルスに感染しているかどうかを調べるPCR検査の数がずっと議論されていました。いつまでも、この問題を議論していた国は、世界にはほとんどありません。

日本では、検査数を増やして無症状や軽症の感染者が病院に殺到したら医療が崩壊するということが盛んに言われていました。しかし、それではなぜ多くの国々は医療崩壊を起こさずに、あるいは起こす危険を知りながら、大量の検査を実施したのでしょうか。この点での情報は、日本では決定的に不足していました。

国家が一元的メッセージを発したトルコ

例えばトルコは、三月上旬に最初の感染が確認された後、急激に感染者が増加し、七月上旬には二〇万人を超えました。しかし、トルコ政府は、とにかくPCR検査を増やし、外国からの帰国者や軽症者は学生寮を空けて収容し、大規模な専門病院を新型コロナウイルス感染症専用に確保し、ICU病床を増床させて医療崩壊を防ぎ、五月下旬には感染者と死者の爆発的な増加を食い止めていきます。PCR検査の件数も毎日三万件ほどに達しました。感染症の拡大と闘っている最中に完成したトルコ最大規模の病院は、開業前から二〇〇〇床を新型コロナウイルス専用の隔離病棟として使用しました。この病院は、日本企業の協力で完成したもので、開業式には安倍首相もオンラインで祝辞を述べています。しかし、そのトルコがどのようにパンデミックと闘っていたかは、日本ではほとんど報じられませんでした。

「トルコ最大規模・日本が協力『バシャクシェヒル・チャム・サクラ（松・桜）都市病院』正式開院」（トルコ国営放送TRT日本語版、二〇二〇年五月一一日）

この間のトルコ政府のメッセージは一貫していました。「とにかく医療施設は確保するから心配するな」というのが基本的な姿勢でした。個人に求めたことは日本とまったく同じです。その上で、感染が疑われる人はすべて検査し、スタンダードな治療を施すと宣言します。日本と違ったのは、六五歳以上の高齢者を外出禁止にして生活に必要な品や食事は市の職員やボランティアが届けたこと、二〇歳未満の人も外出禁止とし、全学校を休校にしたことです。二〇歳から六四歳までの人は働くものとして外出禁止にしませんでしたが、毎週、五枚のマスクを政府が提供することにしました（なかなか届かないという問題はありましたが）。

さらに、メディア戦略が日本とはまったく違っていました。検査数、感染者数、死者数、回復者数、これらの数値データは、保健省（日本の厚労省に当たる）が一本化し、毎晩、保健大臣が記者会見するか、Twitterで情報公開しました。記者会見では、さまざまな質問が出されますが、どの方針を採るか採らないかについても逐一大臣自身が答えていました。コジャ保健大臣は議員ではなく医師で、医療制度の専門家です。トルコ政府は、感染症、ウイルス、呼吸器、循環器、免疫等の専門家から成る学術会議を組織して、その知見を随時国民に公開していきます。

トルコには国営放送と民間放送があり、多数の局が存在しますが、ニュース専門局だけで一〇近くあり、新型コロナウイルスについては、それこそ一日中やっていましたし、討論番組も盛んに放送していました。日本との違いは、素人のタレントがまったく登場しないことです。司会はジャーナリストが務め、素人としての疑問をぶつけ、各分野の専門家が答えていくのです。

スウェーデンとムスリム社会との新型コロナウイルス対応の違い

さて、独自の新型コロナウイルス対応を見せ、注目された北欧のスウェーデンの実態はどうだったでしょう。スウェーデンでは高度な社会保障制度と個人主義によって、高齢者の多くは施設で暮らしています。そこで感染者のクラスターが発生したことが悲劇を招きましたが、この国は限られた医療資源を有効に使うために、患者の選別を厳格にしていました。ただし、これはもともと定められていた原則で、治療を必要とする重症者のうち助けられそうな人に重点的に治療を行い、それ以外の人は病院での重点的な治療を原則的にしないというはっきりした方針に基づいていました。「トリアージ（治療の優先順位を決めること）」の発想を明確にしていたのです。

スウェーデン人は核家族化が進んでいました。しかし、イラクやソマリア、トルコ等、イスラーム圏出身の移民たちも多く、世代を超えて家族が同居する傾向が強いため移民の間では死者が増えていました。高齢者を大切にするのは、イスラーム的道徳に基づいています。そういう傾向は、スウェーデンに暮らす移民に限らず、ヨーロッパ諸国にいるムスリム移民に共通しています。ホスト社会の側は、これを移民の統合が進んでいないという風に表現しますが、彼らにとっては、家族というのは親と子から成る核家族ではないという基本的な違いがあります。こういう事情も、日本のマスメディアではほとんど報じられていなかったと思います。

「スウェーデンの新型コロナウイルス感染のトルコ人のために救急機派遣」

（ハベルテュルク〈トルコ〉、二〇二〇年四月二六日）

そんな中、四七歳の父親が新型コロナウイルスに感染し、一一日間も苦しんでいるのに治療を受けられず、救急車を呼んだら入院の対象ではないと断られたことを、スウェーデンのマルメ市在住のトルコ人の少女がＳＮＳに動画で投稿します。この投稿が広く共有され、トルコの

スウェーデンのトルコ人感染者のために救急機を出したトルコ。
写真提供／Anadolu Images

コジャ保健大臣の耳に入ったことから、トルコは隔離設備を備えた救急機をスウェーデンに派遣し、この一家をトルコに移送して入院させたのです。

　これを政治的パフォーマンスと見るトルコ人もいましたが、私は少し違う角度から見ていました。スウェーデンの対応は、原則通りに実施して誰かを特別扱いしない点で極めて平等なものです。これに対して、トルコでは、たとえ移民の少女の訴えであっても、それを無視すると、困っている人を助けなければいけないというイスラーム的な道徳観に反すると多くの人が感じるのです。政府は、そこを汲《く》み取って施策を行わないと支持を失いますから、救急機を飛ばしてまで助けたのでしょう。ちなみにこの少女は後に、トルコに帰りたいかと尋ねられても「自分はスウェーデンで暮らす」と答えています。

一つ言えることは、トリアージの発想が、いかに合理的であっても「選別」だということです。選別するということは、人間同士の間に線を引くことになりますから、一種の「分断」です。これに対して、トルコ人の発想は「分断」を避けようとするものだったということになります。トルコでも、もちろんトリアージはあります。運転免許の試験では、必ず交通事故の際の搬送の優先順位を学びますが、蘇生できそうもない人は後回しにされます。頭ではそれを理解しますが、しかし、こうした少女の訴えを放置できるかというと、できないのです。そのことで父親が亡くなれば、国家が家族を「分断」したように受け取られるからです。

分断を防ぐメッセージを発したニュージーランド

日本では報道が少なかったにもかかわらず、世界的に注目された国にニュージーランドがあります。ニュージーランドは民主的な国として知られていますが、ジャシンダ・アーダーン首相が三月二三日に採った自宅隔離、ロックダウン（都市封鎖）、外国との出入りの停止は、非常に厳しく、かつ迅速でした。そして六月上旬には、感染を止めたことを宣言し規制を解除しました。

「ニュージーランドは新型コロナウイルス撲滅に成功、規制を解除」

ジャシンダ・アーダーン、ニュージーランド首相。写真提供／Uniphoto Press

（ニューヨークタイムズ〈アメリカ〉、二〇二〇年六月八日）

当時のニュージーランドでは、人口一〇万人当たりのPCR検査数は二一九〇人で、積極的に検査を実施した韓国の二倍近く、またアメリカよりもはるかに多かったのです。結果的にニュージーランド国民の八八％が政府の新型コロナウイルス対策を支持していました（タイム〈アメリカ〉、二〇二〇年四月二八日）。そして、アーダーン首相の政策が、今日の世界では稀《まれ》なことですが、社会の分断を回避する方向性、分断を修復する方向性を持っていたことは注目に値するものでした。

「ジャシンダ・アーダーン、子どもたちのために新型コロナウイルスに関する特別な

（ガーディアン〈イギリス〉、二〇二〇年三月一九日）

記者会見を開く」

この記事は、政府が強硬なロックダウンを行う前に、子どもたちの不安を取り除き、ウイルスへの感染防止を正しく説明しようと、政府の感染症対策の専門家と共に、アーダーン首相が子ども向けに説明したことを伝えています。彼女が信頼を得たのは、この姿勢です。「弱い立場の人間」にまず語りかける姿勢を示したことが重要なのです。どの国でも、自宅での隔離によって、家庭には多くの問題が生じました。いち早く、そこに注目して、まず、子どもたちに、何をしなければいけないかを説いた首相が、他の国にいたでしょうか。

二〇一九年の三月一五日に、クライストチャーチのモスクが移民排斥を主張するオーストラリア国籍の男によって銃撃され、五〇人が死亡し、負傷者五〇人、二人が重体という凄惨なテロ事件が起きました。このときのアーダーン首相のメッセージは、一切の妥協なく暴力を否定し、しかも犠牲となったムスリム移民への誠意を十分に表すものでした。

「ニュージーランド首相、銃撃犯の名前は今後一切口にしないと誓う」

（BBC、二〇一九年三月一九日）

事件後の国会での演説で、首相は次のように語ったとBBCは伝えています。「男はこのテロ行為を通じて色々なことを手に入れようとした。そのひとつが悪名だ。だからこそ、私は今後一切、この男の名前を口にしない」「皆さんは、大勢の命を奪った男の名前ではなく、命を失った大勢の人たちの名前を語ってください。男はテロリストで、犯罪者で、過激派だ。私が言及するとき、あの男は無名のままで終る」。

移民に対しても、政府が平等に処遇することを常日頃から明確に示していたからこそ、政府への信頼が得られたのです。そのことが、今回の新型コロナウイルスの問題でも発揮されたことは間違いありません。

他の国は、どういう基準で治療を行い、あるいは行わなかったのか。それはどういう考え方に基づくものだったのか。こういった情報は、明らかに日本人にとっても必要なことでしたが、日本のテレビや新聞を通じて、他の国の情報が得られることは、ほとんどありませんでした。

日本には、海外で起きていることを即時に伝えていく、例えばイギリスのBBCワールド、カタールのアルジャジーラ、アメリカのCNNといったニュース専門メディアが存在しません。そのため、テレビで世界情勢を知ろうと思ったら、基本的には海外の専門局を自分で視聴するか、インターネット上にある新聞や通信社の記事を読んでいくしかないのが現状です。実際、最低限英語で海外報道に触れることなしに、世界を覆いつくすパンデミックについて、十分な情報を得ることは不可能でした。

弱い立場の人の声は誰が伝えるのか？

さて、国家の方針とは関係なく世界情勢を報じているテレビ・メディアとして私が普段参照しているテレビ局は主に二つあります。それはＢＢＣワールドとアルジャジーラです。

ＢＢＣはイギリスの公共放送ですが、政府の方針通りの報道をしているわけではありません。テレビやラジオだけでなく、現在はウェブサイト上にも膨大なニュースと解説を載せています。

公共放送というのはすべての市民から料金を徴収する以上、政府の代弁はしないというのが原則です。日本のＮＨＫも公共放送で、国営放送ではありません。ですから、政治的なニュースについては、政権の意向とそれに対する批判の両方を紹介し、解説する必要があります。しかし、果たしてそれは実現されているでしょうか？　公共放送である以上、報道は常に視聴者の目によって監視されていなければなりません。

世界には、国営放送を持つ国もたくさんありますが、国営放送というのは資金を国からもらうので、受信料を徴収することはありません。そのかわり、国や政府のプロパガンダは、当然、放送の柱になります。まず、ここのところを改めて理解しておく必要があります。

ニュース専門局であるBBCワールド（一九九一年国際放送開始）で放送されている番組の中で、特筆すべきは“Hard Talk”という討論番組です。司会者とゲストが、本当に激しく論争することも少なくありません。相手が、どんなに政治的地位の高い人であっても、一切、考慮することなく、証拠に基づいて論戦を挑んでいくのです。観《み》ていて、思わず目が釘付《くぎづ》けになってしまうほどの迫力です。

一つ例を挙げれば、後でも触れますが、ハンガリーが難民の受け入れを渋り、中でもムスリムの難民は受け入れないとヴィクトル・オルバン首相が発言したことについて、同国のシーアルト外相との激しい論争を放送したことがあります。特定の宗教の人間を難民として受け入れないというのは、あり得ないことなのですが、司会者のステファン・サッカーはそこを厳しく追及します。外相の方は、誰を受け入れるかの決定権はハンガリーの主権に属すると切り返して議論は平行線だったのですが、それでも、何を問うて、何を答えるかということを知るには大変重要な番組です（BBC　Hard Talk　二〇一五年九月二四日）。

日本のNHKにも「日曜討論」という番組がありますが、各政党から出演しても、ひと言ずつ意見を言うだけで、まったく討論の体をなしていません。それに、司会者が出演者に挑んでいくということもまったくありません。

私が注目するもう一つのメディアが、中東のカタールを拠点とする国際衛星放送局アルジャジーラ（一九九六年放送開始）です。アルジャジーラも、放送とウェブサイト上での活字メディアの両方を持っています。カタール自体は民主的な国ではなく、アミール（首長）が統治する国です。サウジアラビアやアラブ首長国連邦（UAE）等と同様、極言すれば王族の所有する国家です。実際、アルジャジーラの運営資金は首長家が支出しています。

アルジャジーラはカタール国内のことは報じないのですが、日々、世界中で何が起きているのかを市民の目線で、現地の記者が報じているという点で非常に希有《けう》なテレビ・メディアです。ともすれば大事件の陰に埋もれてしまう人びとの声を吸い上げています。

かつてはオサマ・ビンラディンの単独インタビューに成功する等、世界で「テロリスト」と呼ばれた人物でさえ、その声と考えを伝えてきました。代表的なドキュメンタリーの一つに"I knew Bin Laden"（「私はビンラディンを知っていた」、二〇一一年五月二〇日、Al Jazeera English YouTubeで視聴可能）があります。この作品は、実際にビンラディンにインタビューしたアルジャジーラのジャーナリストやアルカイダのメンバー、多くのイスラーム指導者の証言を集めたものです。

こうした報道は、一つ間違えばテロリストのプロパガンダとなる危険もあります。9・11、

オサマ・ビンラディン。写真提供／Uniphoto Press

アメリカ同時多発テロ事件の首謀者ビンラディンがテロ組織のリーダーであったことは動かし難い事実です。しかし彼とアルカイダが前代未聞のテロ事件を引き起こすまでの過程を知らないのでは、今後、同様のテロを防ぐことはできませんし、「テロとの戦い」が果たして効果的だったのかどうかも検証できません。そこを大胆かつ丁寧に証言を集めて構成していく手法は、アラビア語を駆使できるこのメディアならではのものです。

世界中が「極悪人だ」と言えば、極悪人になるのでしょうか？　声の大きい国、強大な経済力や軍事力を持つ国が「テロリストだ」と言えば、抹殺しても良いということになるのでしょうか？　メディアも然《しか》りです。欧米の有力メディアが一斉に同じことを主張したらそれが真実なのか、私たちは慎重に見極めなくてはいけないと思うのです。

かつて、パレスチナ解放闘争を率いたヤセル・アラファトという人がいました。イスラエルの首相だったイツハク・ラビン、シモン・ペレス外相らと共に、一九九四年にノーベル平和賞を受賞しました。彼は、パレスチナ解放機構（ＰＬＯ）のリーダーで、長らくイスラエルからはテロリストの首領とされていました。

実際、多くの武装闘争を率いていたのですが、一九九三年、オスロ合意でイスラエルとパレスチナの和平交渉に合意し、パレスチナ暫定自治政府の樹立にこぎつけました。ノーベル平和賞は、長年にわたる対立を和平に導いた貢献に対するものです。しかし、パレスチナの和平は、その後、ラビン首相が暗殺され、イスラエルによる占領地への入植が相次いだことで、崩壊の一途をたどります。

南アフリカのアパルトヘイトを闘い抜いて廃止させたネルソン・マンデラも、白人政権によって国家反逆の首謀者とみなされ二七年間も獄中にあった人ですが、一九九三年にノーベル平和賞を受賞しています。

この二人を見てもわかるように、ある時代に、ある国家から犯罪者とされても、その人の声

アルジャジーラのスタジオ。写真提供／Uniphoto Press

に耳を傾ける必要があることは、しばしば生じるのです。その声を世界中が封殺してしまうなら、何が不満だったのか、なぜ暴力的な手段に訴えたのかを知る道は永遠に閉ざされてしまうでしょう。もちろん、一度は英雄として扱われた人物が、その後にその栄光が失墜することもあり得ます。

それらを白日のもとにさらすのがジャーナリズムであり、それを伝えるのがメディアの仕事なのです。

アルジャジーラについて、もう一つ特筆すべきことは、その放送が動画サイト YouTube 上でも無料でライブ配信されていることです。もっともポピュラーなインターネットメディアの一つである YouTube で常時世界の動きを知ることができるのは大きなメリットです。ＢＢＣは二〇二〇年八月現在、YouTubeでは見ることができません。

なお、中国、ロシアもYouTubeでニュースを配信していますから、動画サイトは、官製メディアのプロパガンダから、批判精神に溢れる情報まで得られる宝庫と言えます。

ただし、その中身を見分ける「目と耳」を持たないと簡単に洗脳されてしまう危険を伴います。メディアは、大きな政治の時代の趨勢《すうせい》の中で、流されていくこともあれば、流れに抗していくこともあります。綿密な調査報道が、新しい一つの流れをつくることもあります。本書では、メディアが、世界の分断とどう関わったかを、さまざまな記事の見出しを見ながら、検討していきます。

第二章　「テロとの戦い」が世界を分断した

「イスラーム報道」と「文明の衝突論」

二〇〇一年九月一一日、アメリカで未曽有の9・11同時多発テロ事件が起こりました。ニューヨークの世界貿易センタービル二棟に旅客機を衝突させて破壊する、国防総省に旅客機を墜落させる……。テレビの画面を通じてこの途方もない攻撃を目の当たりにしたとき、不謹慎なことですが、ハリウッド映画のシーンを見るような印象を持ったことを今でも忘れません。

いわゆるイスラーム主義の過激派、アルカイダという組織が起こした攻撃ということで、この事件を起点に、世界はにわかに「イスラーム過激派」なるものが最大の脅威だと受け取るようになっていきます。

ただし、これには伏線がありました。「冷戦が終わっても世界は平和にはならない、次は文明の衝突の時代だ」ということを主張して一世を風靡《ふうび》したのが政治学者サミュエル・ハンチントンの『文明の衝突』（集英社、一九九八年）でした。元の論文「文明の衝突？」は一九九三年に「フォーリン・アフェアーズ」（アメリカの外交問題評議会が隔月で発行している国際政治専門雑誌）に出たものです。

その論文を要約すると、「これからは何を支持するかというイデオロギーの対立の時代では

2001年9月11日に攻撃を受けたニューヨークの世界貿易センタービル。
写真提供／Uniphoto Press

なくて、『あなたは何者なのか』というより根本的なアイデンティティをめぐる衝突の時代になる」という内容です。その後世界がたどっていった経緯を見ていると、ハンチントンの言った通りになったように思えます。しかし、「文明の衝突」は理論というよりも、一つのシナリオでした。

文明が「違う」から衝突すると言うのですが、「違う」となぜ「衝突」するのかを彼は説明していません。ただ「違う、だから衝突する」という単純なストーリーに沿って、世界の軍需産業も軍人も政治家も、そしてテロリストの側も、その役を演じたというのが私の考えです。

ハンチントンの「文明の衝突論」で西欧にとって最大の敵とされたのがイスラーム世界と中

国でした。西欧とイスラームとは、根本的な価値の体系が異なるから衝突するということになりました。

この問題は、過去二〇年、私にとって研究上の主要なテーマでしたから、大きな出来事があるたびに本に書いてきましたので、ここでは繰り返しませんが、関心ある方は『イスラム戦争―中東崩壊と欧米の敗北』（集英社新書、二〇一五年）や『なぜ、イスラームと衝突するのか―この戦争をしてはならなかった』（明石書店、二〇〇二年）をお読みいただければと思います。しかし、根本的な違いがあっても、人間が共生できないと断定する根拠はありません。根本的な差異があっても、その上で、人間は共に生きていかなければならないのです。

「テロとの戦い」は行き詰まった

一度このシナリオ通りに走り出してしまうと、後は、イスラーム側にも欧米側にも新たなアクターとスポンサーが絶えることなく登場し、中東・イスラーム諸国は大変な戦争、内戦の惨禍に見舞われることになりました。

9・11の後にアメリカが軍事侵攻してイスラーム主義過激派タリバン政権を打倒し、「さあ、自由で民主的な社会になるんだ」と言ったはずのアフガニスタンでは、アメリカが掃討したはずのタリバンが勢いを盛り返しています。一向にテロはなくならないし、衝突もなくなりません。

二〇一九年の一二月には長年にわたってアフガニスタンで灌漑《かんがい》活動や援助活動に従事してきた国際NGOペシャワール会の中村哲医師が銃弾を受け殺害されました。

ちょうどそのころ、アメリカはアフガニスタン政府を差し置いてタリバンと直接和平交渉を進めていました。その結果二〇二〇年二月二九日、初の和平合意が調印されました。ただし、翌日にはカブール市内でタリバン側の攻撃があり、早くも有名無実化しています。

「タリバンとの歴史的な和平交渉が合意に達し、米軍は撤退する」
(USA TODAY〈アメリカ〉、二〇二〇年二月二〇日)

「歴史的電話、トランプはタリバンのリーダーと対米交渉について電話会談」
(abc NEWS〈アメリカ〉、二〇二〇年三月四日)

少し前まで「テロリストとは一切交渉しない、妥協しない、それがテロとの戦いだ」と言っていたのはアメリカだったはずです。そのアメリカがトランプ政権になったら、今度は「テロ組織」としていたタリバンと交渉したのです。日本政府も、アメリカの「テロとの戦い」を全面的に支持していました。テロリストとは絶対に交渉してはいけない、そんなことをしたら世界の笑いものになると日本政府は常々言ってきたはずです。

二〇一五年一月には「イスラーム国」の人質になったジャーナリストの後藤健二さんが殺害されました。その当時も、「テロリストと交渉したら世界の笑いものになる、だから、捕まった本人が悪い、自己責任だ」という批判が政治や世論の中にもずいぶんありました。国民の保護よりも、テロリストと交渉してはいけないという「鉄則」が重視されていたのです。

「『テロに屈せず』安倍首相、オバマ大統領に伝える」

（ウォール・ストリート・ジャーナル〈アメリカ〉、二〇一五年一月二六日）

「安倍首相『テロに屈しない』、イスラム国人質事件で関係閣僚会議」

（ロイター〈イギリス〉、二〇一五年一月二一日）

日本人殺害事件に限らず、安倍首相の発言は、すべて「テロは断じて許さない」か「テロには屈しない」のいずれかでした。

「『卑劣なテロ断固非難』安倍総理イスラエル訪問」

（テレビ朝日ニュース、二〇一五年一月一九日）

このときの安倍首相の発言には「イスラエルをはじめとする国際社会と緊密に連携しながら、テロとの戦いに引き続き取り組んでいきたい」とあります。テロ組織と交渉しないかはともかく、これをイスラエルのネタニエフ首相との会談で発言したこと自体、人質になっていた日本人の命を危険にさらすものでした。

当時のマスメディアの報道にも問題が残りました。政府の方針を伝えることは、メディアの重要な仕事です。しかし、それを支持するか、反対するか以外にも報じることがあったはずです。それは、人質となった日本人を救出するための方策です。政府は、最初からテロ組織と交渉しないという点を強調するばかりでした。政府が言えなければ、ジャーナリズムがそれを言わなければなりません。

しかし、「テロリストと交渉するな」ともっとも強く主張したはずのアメリカが、今や「テロリスト」と直接交渉をする時代に変わってしまいました。

我々は、ここにおいて何を考えるべきでしょうか。分断と亀裂をあまりに深めてしまった末に、ようやく敵との妥協も交渉もなく物事を解決するということは不可能だという現実を知るに至ったのです。皮肉なことにそれを教えてくれたのは、事あるごとに敵をつくり出しているトランプ政権のアメリカでした。

世界で日々起きている事象について価値判断をするには、まず自分の認識を形づくっているものが何であるのかを知らねばなりません。静止画でも動画でもそうですが、カメラにはフレームというものがあります。フレームからはみ出したものは映りません。フレームの外には何があったのか、それを知ろうとするところから、始める必要があります。

「文明vs.野蛮」による世界の分断

「テロとの戦い」は、二〇〇一年の9・11同時多発テロ事件を契機にアメリカがアフガニスタンで行った戦争が始まりです。当時のアメリカは、「これはテロとの戦い、文明vs.野蛮の戦いだ」と高らかに謳《うた》い上げ、日本をも含む世界を「テロとの戦い」に巻き込みました。

主戦場とされたのはアフガニスタンでした。9・11のテロを起こしたビンラディンらアルカイダの戦闘員が、当時のアフガニスタンを支配していたイスラーム主義勢力のタリバンにかくまわれていたことに端を発します。

アメリカは、タリバン政権に対して、何度もビンラディンらを引き渡せと要求しましたが、タリバン側はそれを拒絶したのです。そこでアメリカとその同盟国は「ならば戦争だ」と宣言しました。つまり、テロリストは最初、ビンラディンとアルカイダであったはずなのが、タリバンまでがテロリストとして拡大解釈された結果、戦争によってアフガニスタンが破壊されることになってしまいます。「テロリストをかくまっているのだから、タリバンもテロリストだ」

という理屈です。

それに加えて、タリバンのイスラーム体制を打破するのは、「自由のための戦いだ」という別の理屈がいつの間にか付け加えられていきます。

当初、アメリカは作戦名を「究極の正義」(Infinite Justice)としていました。しかし、キリスト教的に見ても、「究極の正義」というのは神の手にあるべきもので、たかだか現世の大統領が宣言するのは不適切だという批判がアメリカ政府内からも出て、「不朽の自由」(Enduring Freedom)に変更されます。

これによって、アフガニスタンに「自由」をもたらすことが戦争の目的にすり替わったのです。そこで重要な役割を演じたのは、当時のブッシュ大統領夫人ローラ・ブッシュです。彼女は、二〇〇一年一一月一七日に定例のラジオ・スピーチでメッセージを流し、アメリカによるアフガニスタン侵攻が「アフガン女性の解放のための戦い」であることを強調しました。その一節は次のようなものです。

「アフガンの女性たちは、他の世界が発見しつつあることを、困難な経験を通じて知ることになるのです。それは、テロリストの最大の目標が女性に対する残忍な抑圧にあるのです」(発言の引用元はabc NEWS 二〇

一七年八月二二日、"Why the US got involved in Afghanistan-and why it's been difficult to get out")

この主張は、その後、オバマ政権でも踏襲され、アメリカによるアフガニスタン介入を正当化する根拠とされていきます。多くの報道も、ローラ・ブッシュの発言の延長線上で、アフガニスタンへの侵略を正当化していきました。彼女の発言が、メディアの流れをつくるきっかけとなったと言っても良いでしょう。

しかもそこでは、抑圧された女性の解放という普遍的な価値が戦争の正当化に使われたことに注目する必要があります。これ以降、抑圧された女性を解放するには、暴力的な手段も肯定すべきだというのは、イスラームに対して、頻繁に使われる言説と化していきます。

しかし、アフガニスタンという国の体制を戦争で破壊するということの正当性がどこにあったのでしょうか。タリバンによって虐げられた女性を解放すると言いながら、戦争を起こしたことによって、多くの女性を犠牲にする結果となったことは言うまでもありません。

実は当初、アメリカ国内にも、ヨーロッパ諸国の中にも批判は根強くありました。本来の敵ではないアフガニスタンに対する武力行使を認める国連安保理決議は通りませんでした。そのため、アメリカの有志連合軍という形で戦争は遂行されたのです。アメリカはこれを「テロとの戦い」であって「イスラームとの戦い」や「ムスリムとの戦争」ではないと繰り返し主張しましたが、攻撃される側には理解不能のこじつけでしかありませんでした。

アフガニスタン侵攻をめぐるメディアの姿勢

しかし当時は日本も含め世界の多くのメディアは、「対テロ戦争」としてのアフガニスタン侵攻には正面から異議を唱えていません。未曽有のテロ事件が起きた後、アメリカでは到底そんな議論ができる空気ではありませんでした。それだけでなく、日本でも、アルカイダを掃討するのに、アフガニスタンを破壊していいかどうかは、大きな議論に発展しませんでした。そこには、日本固有の理由があります。

日本のメディアにとって、タリバンのイメージを規定する事件が二〇〇一年の9・11の前にあったことが影響していたのです。それは同年二月にバーミヤンの仏教遺跡がタリバンによって破壊され、有名な大仏が跡形もなく壊されたという事件です。この事件は、日本の中でタリバンに対する嫌悪感を増幅させました。

「教義に名を借りた組織的・体系的な『文化テロ』」（毎日新聞、社説、二〇〇一年三月三日）

「人類の貴重な文化財に対するタリバンの野蛮な破壊行為」（読売新聞、社説、二〇〇一年三月六日）

日本のメディアは、大仏破壊と9・11とを結びつけていましたから、タリバンを「文化を破壊する野蛮な人たち」とみなしました。当時のブッシュ大統領が言った「文明vs.野蛮」の「野蛮」のイメージそのものです。しかし、百歩譲って仮に「野蛮人」が政権を握っているからといって、戦争で国を破壊し、無関係の国民まで殺害していいことにはなりません。

先ほども少し触れた、アフガニスタンで長年にわたって医療と農業開発を続けてきた中村哲医師は、NHKのドキュメンタリー「武器ではなく、命の水を～医師・中村哲とアフガニスタン」の中で、「旱魃で人びとが死んでいる時に、助けに来るならまだしも、爆弾を落としに来るなんて信じられない」と語っていました。

米軍と有志連合軍によるタリバン政権破壊の前から、アフガニスタンの農村社会に深く入って活動してこられた中村医師にとって、アメリカの攻撃とその後の援助というのは、右手で殴りながら左手で撫《な》でているような行為と映ったはずです。

アフガニスタンは、現在に至るまで、復興も安定もしていません。日本も含めて、アメリカあるいは西欧諸国が、莫大《ばくだい》な投資をして援助をしましたが、援助資金は、政権とその周辺に吸い上げられ、中村医師が活動していたような農村は見捨てられたままでした。

そして、タリバンは復活して、現在ではかなりの地域を支配下に置いています。当時それほど悪の権化のように言われたタリバンは、なぜ復活してくるのか。日本を含めた世界のメディアで検証されたことはほとんどありませんでした。

イスラームは規範性を持った宗教であり、法体系を持っています。ですから一般の住民は、無秩序よりはイスラームの法秩序によって統治される方がましだと考えます。タリバンが最初に政権を奪取する一九九四年以前、ソ連の侵攻に対してアフガニスタンのさまざまな勢力が戦っていました。軍閥同士が争い合って、強盗や殺人やレイプが蔓延《まんえん》したのに対して、タリバンはイスラーム法を社会のルールとする点では一貫していました。タリバンの統治が教条的で融通のきかないものであっても、秩序を復活してくれるならばその方が良いと考えた住民は多かったのです。そのため、内戦で疲弊した地域ほどタリバンの支配を受け入れました。タリバンが台頭した当時の日本の新聞を見てみましょう。

「『首都に平和を』と進撃を続けるなぞの神学生集団タリバンに、市民は大きな期待を寄せる。だれもが『もう戦争はたくさん』なのである」

(毎日新聞、一九九五年二月二四日)

「厚い信仰に支えられたタリバンの規律の厳しさが、進撃に際し、住民ばかりか他のゲリラ組織兵士にまで、歓呼の声で迎えさせる一因となっている」

(読売新聞、一九九五年二月二六日)

このころは、日本の新聞も、タリバンを内戦で崩壊した秩序を復活させてくれる存在として描いていました。しかも、「なぞの集団」というような表現からもわかるように、その実態も、何を求めていたのかも、ほとんど知らなかったのです。

今もそうですが、アフガニスタン政府の高官と話すと、「九〇年代後半のタリバン時代は、自由のない、民主主義もないひどい時代だった。その後、今のアフガニスタンが建設された。しかし、タリバンは、まだ執拗《しつよう》に我々を攻撃している。だからアメリカは軍事援助を、日本は資金援助を続けてほしい」と言います。

アフガニスタンの政府自体が、タリバンとの戦いを「テロとの戦い」の構図に落とし込み、自分たちの政権の腐敗の事実を直視せず、援助に頼っているのです。政権が腐敗と堕落に陥ったのも、もとをただせば、外国の軍隊が戦争でこの国を破壊しておいて、今度は再建してやると言って援助団体を連れて乗り込んできたからです。

その間、欧米や日本のメディアは「野蛮なタリバンは打倒して当然だ」という論調でストップしたままでした。アメリカとアフガン政府の状況を批判的に捉えて、旱魃や戦闘に疲弊していた人びとの生活をどうやって再建するかという視点は、日本のメディアには、ついに現れませんでした。肝心の、人間の営みの前に立ちはだかる問題には目を向けないのです。そんな中で中村哲医師が、先に触れたドキュメンタリーの中で、「誰も好き好んで兵士になるわけではない。家族を食べさせる方法がないから仕方なく軍閥やタリバンの傭兵《ようへい》になるのだ」と指摘しておられるのは、唯一、正鵠《せいこく》を射る言葉だったのです。

恣意的に使われた「テロとの戦い」

シリアのアサド大統領、エジプトのシーシー大統領をはじめ、強権的な国ほど、「テロとの戦い」という言葉を存分に使っています。彼らにとって気に入らない勢力は、テロ組織にしてしまえば済むのですから大変便利だったのです。世界中の独裁者が「テロとの戦い」というスローガンを使っていることにメディアやジャーナリストはもっと注意を払うべきでした。

そして、往々にして「テロ」は国家も行うという点が見過ごされがちです。社会科学者としては「テロ」という用語は慎重に使わなければならないのですが、ここで言うテロというのは、何の悪意もなく生活している人が一瞬にして命を奪われる、家族を奪われる、住むところを奪われる、破壊される、そういう何の理由もなく人生が破壊されてしまうような暴力のことです。

イスラエルの空爆によって突然家族を奪われ、住居を奪われるパレスチナ、ガザの人びと。これはイスラエルによる国家テロと言わざるを得ません。あるいは、アフガニスタンでもイラクでも、米軍の誤爆が多くの市民の命を奪いましたが、これはアメリカによる国家テロです。国家の側は、自分たちこそテロと戦っているのであって、テロリスト以外の犠牲者は、コラテラル・ダメージ（やむを得ざる犠牲）と呼んで済ませようとします。

「コラテラル・ダメージ：戦争におけるアメリカの過ちの歴史」

（CNN〈アメリカ〉、二〇一五年一〇月七日）

アメリカの報道では、この記事のようにアメリカが続けてきた「テロとの戦い」での誤爆等により殺害された市民の犠牲者についても検証されています。そこは、戦争の当事者であり続けたアメリカならではの報道の自由を見ることができます。ただし、テロリストの殺害に関する報道に比べると、量的には少ないと言えます。

今や、いくつもの国で体制に逆らう人びとがテロリストにされています。そのため、圧倒的な力を持つ側、たいていは国家の側が、無慈悲で冷酷な攻撃を実行することになります。しかし、犠牲者の視点からは、国家がやろうとテロリストがやろうと、テロはテロです。

さらに、中東だけでなく、アメリカやヨーロッパ諸国でも、テロリストはその場で射殺しても構わないということになっていきました。しかし本来、テロのような非道な暴力を行使した人物であっても、法の裁きを受けさせるのが法治国家ではなかったのでしょうか。

裁判を受ける権利も、そこでの弁論の機会もなく、いやそれどころか、司法というものも機能せず、権力に逆らうと消されてしまう。「なぜ消されたのか?」と問うと、「彼らはテロリストだから」という紋切り型の答えしか返ってこない事態が増えています。今の世界には、法治国家として最低限のルールさえ守らない無法な国家の横行が拡大しています。

中国政府は、多くのウイグル人が、再教育施設に収容されていることが問題になったとき、一貫して彼らは犯罪者でありテロリストだとしていました。二〇〇九年に、新疆《しんきょう》ウイグル自治区のウルムチで暴動が起きて政府側と衝突し、多くのウイグル人が犠牲になりましたが、そのときも、中国政府は「テロリスト」による暴力行為だと主張しました。

二〇一九年、国際調査報道ジャーナリスト連合(ICIJ)が中国政府の公文書を入手します。ウイグル人たちを大量に拘束した上で施設に入所させ、そこで徹底的な思想教育と人格の改造が行われているという衝撃的な内容でした。この問題はそれ以前から指摘されていましたが、これをきっかけに欧米のメディアが大きく報道することになります。

「漏洩《ろうえい》したデータが、中国がいかにウイグル人を刑務所で洗脳しているかを暴く」

(BBC、二〇一九年一一月二五日)

「逃亡を許すな:流出文書が示す中国の巨大収容所のネットワーク」

「中国はいかにして一〇〇万人もの人を集中キャンプに押さえ込んだのか」

（ガーディアン、二〇一九年一一月二四日）

「秘密文書が暴く中国の新疆収容所の実態」

（ワシントンポスト〈アメリカ〉、二〇二〇年二月二九日）

世界のメディアは、強制収容所に関する「秘密文書」の内容から、ウイグル人に対する非人道的な収容を批判しましたが、中国メディアは「公文書」そのものが偽物だとして真っ向から反論します。

「中国は、新疆における対テロ政策を中傷する外国メディアを切り捨てる」

（アルジャジーラ、二〇一九年一一月二五日）

「対テロの努力は効果的に新疆の人びとの人権を守る」

（新華社〈中国〉、二〇一八年八月一四日）

「中国は新疆における脱過激化の努力を通じてグローバルな対テロに貢献している」

（同、二〇一九年一二月五日）

（同、二〇二〇年一月九日）

中国メディアの主張は文書の存在が明らかになる以前から一貫して「テロとの戦い」のために、ムスリムを再教育しているというものです。両者の言い分は真っ向から対立していることが、記事の見出しを見るだけでもわかります。世界の政治指導者たちにとっては「テロとの戦い」というオールマイティのカードを手に入れたことによって、力の行使をためらわなくなったのです。

凶悪な「テロ組織」に対する報道の一面性

二〇〇三年、アメリカはアフガニスタンの次にイラクに戦争を仕掛けます。イラクのフセイン政権が大量破壊兵器を隠し持っていて潜在的な脅威だという理由でした。しかし、その話には根拠がなかったことが後に明らかになります。戦争の結果、イラクは、アメリカに協力した北部のクルド人、数で多数を占めるシーア派アラブ人、旧政権の支持基盤で戦後は利権を奪われるスンニー派アラブ人の三つに分裂してしまいます。

そのイラクに、凶悪な「イスラーム国」が登場し、あっという間にシリアにまで勢力を拡大しました。それから今日に至るまで、世界における注目すべき暴力の応酬は、ムスリム同士の殺戮《さつりく》にあったと言っても良いでしょう。ビンラディンとアルカイダが、主に欧米を敵としてテロを起こしたのに対して、戦争後に分裂したイラクから生まれてきた「イスラーム国」は、ムスリム同士で、「お前たちは不信仰者だ、お前たちは偶像崇拝者だ」と断罪して、背教者狩りを行い、殺害を繰り返しました。

彼らは、シーア派を目の敵にしましたが、同じスンニー派であっても世俗的な人びとも相次いで処刑していきました。イラク北部の民族宗教ヤズィーディーのように、イスラームの信徒かどうか定かでない人びとに対しては「イスラーム国」の統治を拒んだ途端に奴隷化する等、激しい迫害が加えられたことはよく知られています。ヤズィーディーの人びとに対する「イスラーム国」の暴虐については、夥《おびただ》しい証言が世界のメディアによって報じられました。

「私は『イスラーム国』の性奴隷だった」（ガーディアン、二〇一八年一〇月六日）

「お前たちは私の人生を破壊した」（インデペンデント〈イギリス〉、二〇一九年一二月二日）

「解放されたヤズィーディーの性奴隷が、『イスラーム国』の強姦魔と対決した瞬間」（サン〈イギリス〉、二〇一九年一二月一日）

報道のほとんどが、女性を奴隷として売買し、暴行を繰り返したという言語を絶する内容です。イスラームのロジックによれば、異教徒が支配を拒み戦闘になった場合、戦利品として奴隷にすることは認められています。「イスラーム国」は、それを現代の世界で実践したのですから、世界から唾棄される存在とされました。

欧米諸国はもちろん、イスラーム圏の国々も「イスラーム国」を軍事力で潰さなければいけないという点で一致しました。その後の経緯については第四章で詳しく見ていきますが、ここでも女性を奴隷化するおぞましい集団は武力で壊滅して当然だということになりました。

それでもなお、一つの問いを立てることは必要です。「なぜ、そんな集団が生まれたのか?」という問いです。ナチスと同じことで、どれだけ非道な行いをする組織があっても、それがなぜ誕生し、なぜ非道な行為に出たのかを分析しておかないと、いつか同じことが起きるかもしれません。しかし、残念ながら、「イスラーム国」とは何であったのか、なぜ相当数のムスリムが、当初は「イスラーム国」に期待を寄せたのかを分析するジャーナリストの仕事はほとんどメディアに登場しませんでした。

数少ない例は、ロンドンを拠点に活躍する作家・ジャーナリスト、アブドルバーリ・アトワーンの『イスラーム国』(集英社インターナショナル、二〇一五年)です。著者のアトワーンは、インターネット上でアラビア語のニュース・サイトを運営していますし、BBCの討論番組にしばしば登場する人です。彼は、「イスラーム国」の関係者に対する綿密なインタビューを基に、この本を書いています。

歴史の教訓として、私たちは「イスラーム国」が誕生した原因を知る必要があります。その点で言うと、シンクタンクや大学の研究者による発信には、この点に焦点を当てたものが多数ありますが、市民がこれらの知見を共有することはなかなかありません。結果として、彼らの残虐な行為ばかりがマスメディアで報じられてきました。その後、アメリカと有志連合軍が、イラクとシリアの「イスラーム国」支配地域を攻撃し、ほぼ壊滅させました。

「『イスラーム国』の女性：カリフ国の生活」（アルジャジーラ、二〇一九年九月二六日）

アルジャジーラは、テロ組織の凶悪性を糾弾するだけでなく、その内部での女性の生活がどのようなものだったかも検証しています。「『イスラーム国』は誰もが罹患《りかん》する感染症のようなものだった。夫を通じて、不幸にして私も感染した」。

実際に「イスラーム国」の内部にいた女性が語るインタビューは、なぜここまで不寛容な組織が力を持ったのかを内面から解き明かすために非常に貴重な素材です。この番組はYouTube上で英語のサブタイトル付きで視聴できます（原題："Women of ISIL"）。その後「イスラーム国」に関して大きく報道されたのは、自称カリフのバグダーディーが米軍によって殺害される二〇一九年秋のことです。このときの経緯については、後で詳しく見ていきます。

「テロとの戦い」に飲み込まれたメディア

シリア内戦は、五〇〇万人を超える難民を生み出しました。ヨーロッパ諸国では、二〇一五年以降に連続して発生したテロ事件の実行犯が「イスラーム国」の戦闘員で、難民に紛れ込んでフランスやベルギーに渡ったという話が出てきます。それがヨーロッパ社会に恐怖を引き起こし、メディアも取り上げます。

「警察は『イスラーム国』のジハーディストがシリアからフランスやベルギーに向かうことを警告」（ガーディアン、二〇一六年六月一五日）

「『イスラーム国』のリクルーターはヨーロッパの難民をターゲットにしている　テロ対策専門家の警告」（同、二〇一六年一二月二日）

危険なテロリストが中東からヨーロッパに入ってくることにヨーロッパ諸国の関心は集中していました。しかしその反面、中東で起きている戦争の惨禍に対しては、実は一向に理解していませんでした。中東で起きていることは非常に厄介なもので、蓋をするか、ヨーロッパとしてはこれに関わり合いたくないという感情が政治家の発言としても出てきます。それは、メディアの論調にもほぼ例外なく反映されていくようになります。

「移民に対する非合理的な恐怖によってヨーロッパは大きな代償を払うことになる」（ガーディアン、二〇一八年六月二八日）

イタリアのポピュリズム政党「同盟」を率いるマッテオ・サルヴィーニ（前副首相・内相）は、到着する難民（移民）に対する恐怖を煽《あお》ってきました。この記事は、それに対する批判なのですが、二〇一五年のヨーロッパ難民危機以来、各国のポピュリストは難民や移民、さらにムスリムをターゲットとして、彼らの存在が治安上の脅威だと言い立てるようになります。

この非難は、難民流出ルートの出発点の国に向けられていきます。バルカン半島を通過してきた難民については、主にトルコが批判の対象となり、地中海を渡ってくる難民についてはリビアが問題の根源にされました。しかし、リビアは内戦で秩序が崩壊しており、難民流出を抑え込めと要求しても、ならば金をよこせと言われるだけで埒《らち》があきません。そこで、EUは自分たちで海上警備をしてリビア側での国境管理をしようとします。

他方、トルコは国家秩序を維持していますので、もっと強硬な要求を突き付けられます。難民を流出させるな、「イスラーム国」の戦闘員をヨーロッパに送還するなという圧力をかけられたのです。トルコは、当然反発します。トルコ国内でテロを起こせばトルコの司法が裁くことになりますが、シリアやイラクで戦闘員としてどのような残忍な行為に加担したとしても、それはトルコの法律で裁きようがありません。彼らはトルコで戦闘をやっていたわけではないのですから。

トルコ側が問えるのはせいぜい出入国管理法違反です。トルコには正規の手続きで入国したとしても、シリア側に入るときに密出国していますので。これは微罪です。当時、世界中のジャーナリストたちも同じように密出国・密入国を繰り返したはずです。

その「イスラーム国」の戦闘員や、戦闘員と結婚するためにシリアに行ってしまった少女たちを国籍国であるヨーロッパ諸国に送還するとトルコ政府が決定すると、今度は、「国籍は剝奪したから帰すな」というのでは「法の支配」が成り立ちません。トルコによる脅迫だという主張さえ出てきました。

「フランスは死んだジハーディストを裁くが、生きている『イスラーム国』戦闘員家族の強制送還は拒否」（ニューヨークタイムズ、二〇二〇年一月二六日）

「強制送還か、拒否か：諸国は『イスラーム国』の家族に対して何をしようとしているか」（フランス24、二〇一九年六月一一日）

「トルコ内務省：フランス国籍の一一人の『イスラーム国』戦闘員を国外追放しフランスへ送還」（トルコ国営アナトリア通信、二〇一九年一二月九日）

BBCは二〇一九年一一月一一日の報道で、トルコ政府は七五五〇人の「イスラーム国」戦闘員とその家族を国外追放すると発表したことを伝えています。トルコ国籍以外の戦闘員やその家族は全員国籍国に追放するというものです。ヨーロッパではフランスとオランダが、当初は彼らの国籍を剝奪するとしたのですが、トルコは「自国のテロリストの面倒は自分で見ろ」

と突っぱねました。

こうした一連の出来事を振り返ると、「イスラーム国」が壊したのは、イラクやシリアだけでなく、法治国家の基本的な枠組みそのものであったように思います。タリバンを排除するために起こしたアフガニスタン侵攻から今日に至る過程というのは、さまざまな面から主権国家、領域国民国家というものを破壊するプロセスだったということです。

第三章　ヨーロッパの分断、ヨーロッパとの分断

難民危機によるヨーロッパの分断

二〇一五年から一六年にかけて、難民の危機とテロがヨーロッパを襲い、もはや修復不可能なほどヨーロッパでは分断が進行しました。多くの難民が巨大な群れをなして、ヨーロッパの各国を歩いていく姿がメディアに取り上げられてから四年が経ちました。シリア、イラク、アフガニスタン出身者等、一三〇万人もの難民がヨーロッパに向かったのです。

日本でも、世界でも、あの光景は過去のものになってしまいました。その後には、国境を封鎖するための鉄条網という目に見える障壁と、目には見えない社会の分断、世界の分断が残りました。

この問題を早い段階でもっとも中立的かつ包括的に報じたのはBBCでした。今（二〇二〇年八月現在）でもインターネット上で見ることができる記事を紹介しておきます。

「移民危機：ヨーロッパへの移民を七つの図で解説」（BBC、二〇一六年三月四日）

記事では、EUに庇護《ひご》申請をした人びとが、①どこから来たのか、②どこへ行こうとしたのか、③どうやってヨーロッパに到達したのか、④その旅路はどれほど危険なものだったのか、⑤どのヨーロッパの国がもっとも多くの庇護申請者を受け付けたのか、⑥ヨーロッパはどう対応したのか、⑦何人の庇護申請が認定されたのか、という項目を立てています。ただ、ここでも、記事のタイトルは「移民（migrant）」なのです。文章の中で「庇護申請者＝asylum claims」と言っているので難民だとわかるのですが、庇護申請、つまり難民としての申請を認められるまでは「移民」と書くことにしているのです。

後で紹介しますが、ＢＢＣの「移民」という用語の使い方は中立的ですが、政治家たちは、「難民（refugee）」と「移民」を切り分けて、できるだけ「移民」という用語を使おうとします。メディアは、ＢＢＣのように注意深く使い分けていくケースと、政治家の発言に流されて「移民」を使うケースに分かれています。

当時の報道の一部を紹介しましょう。難民が殺到したハンガリーが、セルビアとクロアチアとの国境にレイザー・ワイヤー（刃のついた鉄線）でフェンスを張り巡らせて、難民の流入を阻止したことに関するものです。

「ハンガリー国境のフェンスを前にした難民：我々はこの壁を容認しない」

（ガーディアン、二〇一五年七月二三日）

「難民危機：ハンガリーは国境でのすべての庇護申請を拒否」

（同、二〇一五年九月一五日）

「ハンガリーは移民をブロックするために国境を守る」

（フランス24、二〇一五年九月三〇日）

「オルバン（ハンガリー首相）の支持率は、ハンガリーのフェンスが移民の『侵略』を抑止することで上昇」

（ロイター、二〇一五年一一月六日）

ここでも、難民と移民という言葉が混在しています。「反移民」キャンペーンと刃のついたワイヤーのフェンスを国境に張り巡らせたことで、ヴィクトル・オルバン首相の支持率は上昇し、EU分裂の危機における勝者として登場したと報じるロイター通信の記事は、当時、ハンガリーの取った行動に、EUをはじめ国際世論が批判的だったことを示しています。

「ハンガリー、難民に対する国境戦争、人びとは戦争から逃れてくる。彼らはフェンスによって止まることはない」

（アルジャジーラ、二〇一六年四月一日）

これに対してアルジャジーラの記事は、難民としての権利を認めないハンガリー政府を批判します。記事の中でハンガリー国境警備隊員の「彼らは本当の難民ではない。難民なら、庇護申請をするはずなのに、しない。彼らはより良い生活を期待してやって来る移民だ」という発言を紹介していますが、これは、オルバン首相の政策そのものです。後に、ヨーロッパの排外主義ポピュリストは、口をそろえて同じことを言い出しました。

分断——ヨーロッパのメディアが、それを語るとき、ＥＵの分裂のことを指します。最大の焦点はブレグジット、つまりイギリスがＥＵから離脱することに伴う問題でした。しかしＥＵ内では今、「東」ヨーロッパと「西」ヨーロッパの分断が深刻です。

西ヨーロッパ諸国のメディアは、東ヨーロッパ諸国での反ＥＵ、反難民・移民の主張を「右傾化」と見ていますし、排外主義だとして批判します。他方、東ヨーロッパ側は、ＥＵの有力国であるフランスとドイツに政治的にも経済的にも首をつかまれて引き回されるようなＥＵの状況にはうんざりしたと批判しているのです。

ここで言う東というのは、ポーランド、ハンガリー、チェコ、スロバキア等の旧社会主義圏の国々で、「ヴィシェグラード四カ国」と呼ばれています。難民危機に際して、ポーランド、ハンガリーの両政府は、異口同音に、この問題はＥＵの問題ではない、ドイツの問題だ。難民危機を招いたのは、メルケル首相の責任だと厳しい批判を展開しました。

「移民危機：アンゲラ・メルケルはバルカン・ルートの閉鎖を強く非難」

（ＢＢＣ、二〇一六年三月一〇日）

ハンガリーやクロアチアが、トルコからバルカン半島を通ってＥＵに向かう移民の流れを強制的に止めてしまったことに対するメルケル首相の怒りをＢＢＣは伝えています。しかし、ヴィシェグラード四カ国は、二〇二〇年になってもかたくなに国境を開けようとはしません。（東ヨーロッパ諸国から発信する非政府のウェブ・ニュース、バルカンインサイト、二〇二〇年一月二一日）

「中央ヨーロッパは移民問題についてドイツと格闘」

この記事は、ヴィシェグラード四カ国のポピュリスト政治家たちが、いまだに難民の割り当てを拒んでいることを批判する内容なのですが、その間にドイツ自身が大きく雇用を拡大しようとしていて、これらの国の労働者がドイツに流出してしまうことを懸念しているのです。しかし、政治家たちはなかなか耳を貸しません。

東ヨーロッパだけではありません。南ヨーロッパのイタリアやギリシャもまた、いまだに押し寄せてくる難民や移民の受け入れ窓口を自分たちに押しつける「北」の富裕国に、批判の矛先を向けてきました。逆に、オランダやデンマーク等、「北」の富裕国は一人当たりの所得は高いのですが、これまでも高度な福祉を維持するために多額の税金を払っていますから、なぜ自分たちが難民のためにさらに負担を強いられるのかと不満をぶつけています。

難民危機の直後からメルケル首相は批判の矢面に立たされていました。

「メルケルは難民危機に関する批判にも微動だにせず」

（ドイツ国営放送ドイチェヴェレ、二〇一六年二月一七日）

この記事では、メルケル首相は、東ヨーロッパ諸国がギリシャとマケドニア（現在は北マケドニア）の間にフェンスを張ろうとしている計画を非難したことを伝えています。しかしその後、メルケル首相は、EUの多くの国から、多くの批判にさらされることになります。

「難民危機に関するアンゲラ・メルケルに対する逆風が強まる」
（ウォール・ストリート・ジャーナル、二〇一五年一〇月九日）

「メルケルによる難民問題の処理に批判殺到」
（シュピーゲル〈ドイツ〉、二〇一五年一〇月六日）

トルコから出た難民たちにとって、EUの最初の国はギリシャになります。北マケドニア等、非EU加盟国を通り、次の加盟国がハンガリーでした。ハンガリーのブダペストでの状況は、日に日に悪化していました。ブダペストの東駅に何万人という難民が突然殺到してしまい、ハンガリー市民から見れば驚天動地の事態でした。今まで見たこともない人間が突然そこに現れて、駅に寝泊まりしているわけですから。

「ボートはいっぱいだ。ハンガリーはEUの難民ルールを止める」
（ガーディアン、二〇一五年六月二四日）

「ハンガリーはブダペストの怒りでEUを非難」

（アイリッシュタイムズ〈アイルランド〉、二〇一五年九月二日）

ハンガリー国内で市民と難民との間で衝突が起きることを懸念したメルケル首相は、第一上陸地点で庇護申請する必要はない、彼らが来たいと願っているドイツに来て申請すれば良いと認めたのです。このニュースは瞬く間に難民の間に広がりました。

結局、そのことが難民の奔流をギリシャからドイツにまで引き寄せてしまいました。途中の国々は、難民たちの奔流を通過させなければいけないということになります。ドイツ側は、「通過するだけだからいいだろう」と高を括《くく》っていたふしがあります。

「ハンガリーの指導者、『ヨーロッパをキリスト教徒のものにするために』ムスリム移民は阻止されなければならないと発言して非難される」

（ニューヨークタイムズ、二〇一五年九月三日）

この記事は、オルバン首相が、ドイツの「フランクフルター・アルゲマイネ」紙に寄稿して「移民のほとんどはムスリムであってキリスト教徒ではない。これは重要な問題だ。なぜなら、ヨーロッパとヨーロッパ人のアイデンティティはキリスト教にあるからだ」と発言したことを批判的に伝えています。その後、彼のイスラモフォビア（イスラーム嫌悪）はどんどん激しさを増していきます。

「難民は『ムスリムの侵略者』であって、生きるために来たのではない　ハンガリー首相」
（インデペンデント、二〇一八年一月九日）

難民の受け入れを拒否するに当たって、彼らの多くがムスリムであることを挙げている点は、宗教差別が公然化していることを端的に示しています。これはヨーロッパ域内のもう一つの重要な分断です。すでに多くのムスリムがいるヨーロッパから、彼らを排除しようとするものだからです。しかし、このような発言をしても、ハンガリーがEUから追放されることはありません。

ハンガリーの場合は、実際に難民が押し寄せたので、オルバン首相の発言が現実に起きたことを基にしていることは否定できません。

しかし、チェコやポーランドになると、難民は到来していないのに暴論と言えるレベルのムスリム排斥が公然と語られるのです。ポーランドで与党となっている「法と正義」、ハンガリーの「ハンガリー市民同盟（フィデス）」に加えて、チェコにも「自由と直接民主主義」という排外主義政党も同様の主張を強めています。これらの政党は、ヨーロッパでもっとも激しい反イスラーム、反難民受け入れを主張することで知られています。しかし、ポーランドやチェコに至っては、二〇一五年の難民通過ルートですらありません。

これは「空想的分断」と言うべきものです。見たこともなければ接したこともないムスリムが、自分たちの文化的アイデンティティを崩壊させると煽ることによって、自国のキリスト教の価値、民族のアイデンティティ、ヨーロッパのアイデンティティを守ろうというのです。極めて安易に、難民やムスリムをスケープゴートにするものです。

「チェコ共和国の小さなムスリムコミュニティは憎しみにさらされる」

（アルジャジーラ、二〇一七年一一月一三日）

チェコにムスリムはほとんどいませんし、彼らは医師やエンジニア等の職に就いていて、移民労働者ではないのですが、公的な場所での宗教的な行事は禁止されています。これに対して、「自由と直接民主主義」はムスリムがチェコ社会に統合されることはあり得ないと断定し、すべてのムスリムは出ていけと差別と排斥を堂々と主張しています。

「チェコの選挙は億万長者が率いる反既成勢力の政党の勝利」

（ニューヨークタイムズ、二〇一七年一〇月二一日）

「ニューヨークタイムズ」紙は、チェコの総選挙で既成政党が右派から左派まで惨敗し、億万長者のアンドレイ・バビシュ率いる大衆政党「ANO（アノ）」が勝利し、「自由と直接民主主義」が躍進したことを伝えています。この政党は、国内でEUとの協調を重視する政党に対して「あなた方は多文化主義を尊重し、イスラームを尊重する」という批判を浴びせていることを指摘しています。イスラームは宗教ではなくイデオロギーであり、多文化主義はチェコにとっての脅威だと主張して支持を集めているのです。ちなみに「自由と直接民主主義」は、トミオ・オカムラという日系人が率いる右翼政党です。

「自由と直接民主主義」もそうですし、ポーランドの「法と正義」もそうですが、自分たちこそ、民主的で正義を掲げていると主張します。だからこそ、問題は極めて深刻なのです。エリートへの敵意、多国間協調への敵意、異質な存在の排除ですから、格差への怒り、自国中心主義、そして排外主義がすべて含まれることになります。

ポーランドの「法と正義」のリーダー、ヤロスワフ・カチンスキも同様の激しい発言を繰り返してきました。

「移民は『寄生虫や原虫』を運んでくるとポーランドの野党党首発言」

（ポリティコ〈アメリカ〉、二〇一五年一〇月一四日）

カチンスキのこの発言は、選挙キャンペーンで繰り返されたもので、まるでナチスがユダヤ人を評したのと同じではないかという非難を浴びましたが、選挙では勝利しました。彼は、与党「法と正義」の最高実力者として、ポーランドの移民政策をキリスト教系に限る等、明確な反イスラームの姿勢を示しています。

「ポーランドにおけるイスラモフォビアは、いかに大きなイシューか？」

（アルジャジーラ、二〇一七年一一月一四日）

ポーランドの人口のわずか〇・一％しかいないムスリムに対して、陳腐なアラブ人イメージをふりまく地元メディアをアルジャジーラは批判しています。独立記念日のパレードでも、自爆用の爆弾ベストをまとった人形に「私は難民」と書いて行進させることに、あからさまな嫌悪感情が表れているというのです。

「ポーランドは誰一人ムスリムを受け入れない？」

（同、二〇一九年一一月八日）

これらの国でのイスラーム嫌悪について詳細に伝えているのは、アルジャジーラだけです。この記事では、与党となった「法と正義」が断固として難民の受け入れを拒否し、ポーランドがムスリムや仏教徒等に乗っ取られるのは断じて許さない、フランスも世俗主義的パラノイアがポーランドに侵入することも絶対に許さないという姿勢を取っていることを伝えています。

西ヨーロッパのイスラーム嫌悪とかなり違うのは、フランスの世俗主義に対してもひどい嫌悪をあらわにしている点で、世俗主義の侵入によって同性愛がもたらされることを許さないというのです。ポーランドはキリスト教国であり、キリスト教的な価値と彼らが考えるものを守り抜くというのです。ヨーロッパをキリスト教の大地とする古い価値観を蘇らせていることになります。

EUは、ヨーロッパ諸国が二度と分断して戦争に向かわないようにするために、異質な国民国家を共同体の中に取り込み、壁を壊していくという方向で統合を進めたはずです。しかし、現実はそうなりませんでした。東と西の格差は埋まらず、文化的な分断も埋まらず、結果的に分断と排除の論理が表に出るようになってしまいました。

それでも、ヨーロッパ域内の分断については、これまで見てきたように批判するメディアもあるので、まだしも健全な論争が展開されています。

イスラーム嫌悪とユダヤ嫌悪

深刻な分断は、難民の問題であろうと移民の問題であろうと、イスラームを分断線として発生させたことにあります。イスラームを敵とする言説というのは、もはやヨーロッパでは抑制できません。

ヨーロッパに限らず、世界中もそうですが、人種や民族を理由にして差別や排除を行うということはレイシズムであり、ヘイトクライム（憎悪犯罪）だというコンセンサスがあります。

これまでのヨーロッパのメディアは、少なくとも、人種や民族に対するヘイトスピーチを許さなかったはずです。

しかし、宗教はヘイトスピーチの対象にならないのです。このことが真剣に議論されることもありません。

「なぜ、ヨーロッパはかくもイスラーム嫌いなのか?」

（ニューヨークタイムズ、オピニオン、二〇二〇年三月六日）

この記事によると、イスラームに対する嫌悪による暴力事件は、二〇一八年の一年間にフランスでは五二%増加、オーストリアでは七四%増加したとのことです。ドイツでは四四%、イタリアでは五三%の市民が、イスラームと各国の文化とは両立しないと考え、ヨーロッパでムスリムの存在が不信をもって見られていると指摘しています。

ヨーロッパでは、過去に正教会とカトリックの対立、カトリックとプロテスタントの対立といった宗派間戦争の長い歴史があります。今では、戦争はしませんが、いずれの側も、どちらが正しいか、という点について妥協したわけではありません。単に暴力の応酬で争うのをやめただけです。

そのため「私はこちらを信じる、お前の信仰は間違っている」と批判することは可能ですし、他人の信仰を批判したり、罵倒したからといって、それが「差別」に当たるとは考えません。しかし、それは一歩間違えれば、ユダヤ人の身に起こした悲劇と同じことを繰り返す極めて危険な発想なのです。

ましてイスラームは、テロの頻発によって、今や完全に敵とされていますので、彼らの宗教を非難することは、ヨーロッパ的価値を守るという名目で許されてしまいます。結果的に、メディアはイスラームとその信徒に対する批判とヘイトスピーチを区別することができなくなっていきます。

「ドイツのムスリムに対する攻撃は、さらに暴力的になっている」

（ドイチェヴェレ、二〇一七年八月一七日）

二〇一七年の四月から六月までに起きた一六人のムスリムに対する一三件の暴力に関して、ドイツの司法はそのうち一件のみを極右の犯罪と認定したが、他はすべて「宗教的な思想」に基づくと判断したという記事です。左派党（die Linke）は、この傾向を、今やムスリムが極右勢力だけでなく、不安を感じる市民にとっても、明確な攻撃目標となったと批判しています。全国で、二〇一七年の第二の四半期だけで一九二件のイスラーム嫌悪に関する事案が発生しながら、立件されたのは一件だけだったとして、ドイツのムスリム組織が不安をあらわにしていることを伝えています。

しかし、同様の事件に関するフランスの報道はニュアンスが異なります。

「二〇一八年、反セム主義（anti-Semitism）の攻撃がドイツでは急増」

（フランス24、二〇一九年二月一三日）

ここでは、ドイツにおける極右の攻撃がユダヤ人に向かったことを大きく取り上げています。しかも、そこには四月一七日にベルリンでシリア人難民がキッパ（ユダヤ教徒の男性がかぶる円形の帽子）をかぶっていた青年（後にユダヤ人ではないことが判明）を襲った事件を含めて、二〇一八年の一年で反セム主義的暴力が六〇％も増加したと強調されます。この論調は、実はヘイトクライムを起こしているのがムスリムの難民だという方向に変化している点に注目する必要があります。

フランスは、二〇一五年の一月に風刺画の新聞「シャルリー・エブド」とユダヤ系のマーケットの襲撃、さらに一一月には同時多発テロ事件が起きています。どちらもイスラーム過激派による犯行と断定されています。フランスにとっての9・11と言われる大事件を経験した後、レイシズムやヘイトクライムをムスリムの責任とする傾向は否応《いやおう》なく強まっています。

この記事と同じ事件を取り上げた日本のメディアはどう報じたでしょう？

「欧州　ユダヤ人襲撃増加　イスラム過激思想の影響も」（毎日新聞、二〇一八年六月四日）

記事では、ユダヤ人を狙う襲撃事件や嫌がらせが多発しており「近年ではイスラエルに反発するアラブ系住民・難民やイスラム過激思想に感化された者による犯行が目立つ」と指摘していますが、この論調はフランスの報道と似ています。

「独ユダヤ人団体代表『ユダヤ教徒の帽子かぶらない方がいい』憎悪犯罪に懸念」（AFP〈フランス〉、二〇一八年四月二五日）

「ドイツで二〇〇〇人超が『キッパ』行進、反ユダヤ主義に抗議」（同、二〇一八年四月二六日）

AFPはフランスの通信社です。ユダヤ人中央評議会の代表が、ドイツ在住のユダヤ人に対してキッパの着用は危険だとしたのに対して、欧州ユダヤ教会のラビ（ユダヤ教の指導者）が反発したという記事です。ここでも、ドイツでは、極右勢力や二〇一五年以降に大量流入したムスリムの難民による反ユダヤ主義が再燃する可能性について警戒を促す事件が、ここ数カ月の間に相次いでいることを指摘しています。

ヘイトクライムはその後も続きます。しかし、ターゲットの多くは実際のところ、ムスリムだったのです。

「ドイツの水たばこバーで連続銃撃、九人死亡、犯人は自殺」

（BBC、二〇二〇年二月二〇日）

ドイツ西部ヘッセン州のハーナウで一九日に起きた銃撃事件。犠牲者のうち五人はトルコ人で、自殺した容疑者は外国人に対する憎悪をSNSにあげていました。水たばこは中東の若者たちに人気ですから、犯人はそこに集まる若者の多くが移民や難民の出自を持つことを知っていました。BBCはドイツの排外主義政党、AfD（ドイツのための選択肢）による反移民の主張が外国人に対する憎悪を拡大させていると指摘しています。

「マイノリティのドイツ人は極右（AfD）台頭に警戒を強める」

（アルジャジーラ、二〇二〇年二月一三日）

これに対して、アルジャジーラは、ヨーロッパ社会での不寛容が、ムスリムとユダヤ人の双方に向かう危険を指摘しています。東部地域での地方選挙で、AfDが台頭したことに対して、ドイツ在住のユダヤ人やムスリムが警戒を強めているという記事です。AfDが直接のターゲットにしているのはムスリムですが、ユダヤ人たちも、それを見てとても安閑としてはいられません。

従来ネオナチ、ナチズムの再来とされた場合には、ドイツの場合、憲法擁護庁が独自にそう

2019年3月、ベルリンでの反イスラームのデモ。写真提供／Uniphoto Press

いう団体を閉鎖することも訴追することもできます。しかし、ＡｆＤは合法政党です。

イスラームは、ジェンダー平等や個人の自由というヨーロッパ的価値にそぐわない宗教だから、ムスリムは、ヨーロッパに居場所を得るべきでない。これは、ヨーロッパに共通の、あるいは普遍的価値を守るための戦いなのだと主張することによって、その激しいレイシズムにもかかわらずネオナチとはみなされていないのです。

もちろん、このＡｆＤに対して、ナチスの再来だとして非難する声はあります。対抗勢力も強い。しかし、彼らに反対する世論はＡｆＤの中にナチズムへの接近を見出すから反対するのであり、彼らのイスラーム嫌悪に反対しているのではありません。ここに注意が必要です。

宗教に対する敵視というものが、ナチズムと同じ根を持つとは断定されないのです。ナチズムと同根とみなされたら、当然、憲法上、禁止されなければおかしい。ところがそうはなりません。実際のところ、ムスリムを排除する言論に対しては抑制が効かないということになります。

旧東ドイツ側のドレスデンを中心にしてできたペギーダ（PEGIDA）という市民運動組織があります。この組織の名前は「ヨーロッパのイスラーム化に反対する愛国的ヨーロッパ市民」と言います。ペギーダの「I」は、Islamsierung（イスラーム化）ですが、この「イスラーム化」が「ユダヤ化」だったらどうなるか、考えてみないのでしょうか？　これは、絶対にあり得ませんし、即座に禁止されるはずです。

「反イスラームのペギーダ支持者による抗議運動に全ヨーロッパから数千人が参加」

（インデペンデント、二〇一六年二月六日）

記事は同じ日の「デイリーメール〈イギリス〉」紙を引用するかたちで、ドレスデンだけでなく、オランダ、オーストリア、ポーランド、フランス、チェコ、スロバキア、アイルランド、イギリスでもムスリム移民に対する反対運動が広がっており、これがすでに、ドイツだけの運動ではないことを報じています。元の「デイリーメール」紙の記事の見出しは「分断される世界：世界各地で反イスラムを掲げるペギーダによって組織された何千もの人びとが暴力的に衝突」とあります。

ユダヤ人が世界征服を企んでいるという類いの陰謀論は昔からありますが、そういう流言飛語はホロコーストの底流にあったはずです。ナチスが台頭し、ホロコーストを引き起こしたプロセスでも同様に、見て見ぬふりをした側にも責任があったはずです。問題は市民、そしてジャーナリズムの沈黙なのです。

メディアは異質な人間の到来をどう伝えたか？

二〇一五年の難民危機で、ヨーロッパに殺到したムスリム。この人たちとの共存を可能にするにはどうしたらいいかという問題意識は、ヨーロッパ社会にはありませんでした。「難民」だから保護責任を果たさなければいけないという問題意識はありましたし、それを拒む人たちとの間に論争を起こすことは可能でした。

しかし、多くの難民の属性がイスラームという宗教にあるという現実に直面したことで、共生に何が必要かという議論はまったく起きませんでした。社会や政治にその議論がなければ、メディアの世界にも議論は起こりようがありません。

それまでも移民や難民はヨーロッパに相当の数がいたのですが、二〇一五年の難民危機は短期間に、しかも通過した国があまりに多かったために、EU加盟国のすべてを巻き込んでしまいました。メディアが伝えられたのは、住民がパニックに陥ったことか、難民の殺到をめぐる政党間の対立、難民の増加による犯罪や社会問題の発生、排斥を煽るポピュリスト政党の台頭を批判的あるいは肯定的に論じることでした。

戦争を逃れてきた哀れな人たちだから、それを受け入れる慈善の心を発揮すべきだという主張がドイツの一部では見られました。「Willkommenskultur＝ウエルカムカルチャー」という言葉が、一時的ではありましたが、ドイツに到着した難民たちを迎える市民の姿と共に、伝えられました。

「難民に対するウエルカムカルチャー、ドイツ人の親切心の横溢《おういつ》の背後には何があるのか?」

この記事では、ドイツ市民が難民にいかに寛容だったかを次のように表現しています。

「難民の到着に際して、多くの人びとが拍手で迎え、プレゼントを持参した。一八％の市民が難民のために何かをした、二三％の市民がこれから何かをするつもりだ。外国人憎悪に関する記事のヘッドラインは消え、世界はまったく別のドイツを理解する。両手を広げて難民たちを歓迎する文化を持つ国としてのドイツを」

（南ドイツ新聞、二〇一五年九月一一日）

「ドイツの奇跡、難民に対するウエルカムカルチャー」

（ツァイト〈ドイツ〉、二〇一五年九月一〇日）

こちらの記事では、一九九〇年代には外国人が多すぎるという批判が渦巻いていたのに対して、今や、あまりに多くの難民を恐れてはいない、庇護申請者のための利益をカットすべきだと考える人は半分にも満たないというのですが、私には、一時的にせよ、このような寛容の精神が現れたことが驚きでした。

過去三〇年以上にわたって私は、ドイツへのトルコ系移民の実態を見てきましたが、ドイツの反移民感情は、冷戦の崩壊とか難民危機のような大きな事件をきっかけに、良い方向に変わったことはありません。ドイツ社会に底流としてある異質な人間に対する排斥感情というものは、何らかの大きな事件で一挙に噴出し、その後沈静化しますが、その都度、排斥のレベルは確実に強まってきたのです。

「難民危機：ドイツのウエルカムカルチャーは、何千人もの人びとが続々と到着するにつれて消えていく」

（インデペンデント、二〇一五年一〇月七日）

難民たちの到着がピークに達した二〇一五年の九月からわずか一カ月後には、英紙「インデペンデント」が伝えるように、ドイツ社会にも難民を歓迎する声は少なくなっていました。九月には、駅に集まって歓迎の旗を振るドイツ市民が大勢いたものの、一〇月にはウエルカムカルチャーは蒸発してしまったようだと警察の広報官が話したと、この記事にはあります。

さらに、二〇一五年の大晦日《おおみそか》には、ドイツのケルンで多くの女性が被害に遭うという暴行事件が起き、それが難民によるものだと報じられたことで、ドイツ社会の難民に対する意識は一変しました。大晦日の深夜、ケルン中央駅とケルン大聖堂の間の広場で、新年を祝う人びとの大群衆が集まる中、多くの女性が北アフリカ系もしくはアラブ系の男たちによって性的暴行や強盗等の被害に遭い、約一〇〇〇件の被害届が出されたという衝撃的な事件です。

「ケルンで何が起きたのか?」

（ツァイト、二〇一六年一月五日）

他のメディアもほぼ同じで、被害者の多いこと、性的暴行という異常な事件であることを伝えていますが、警察の初動捜査が遅かったことへの批判が高まるばかりで、容疑者については曖昧なままでした。その中で、「犯人は難民らしい、移民らしい、ムスリムらしい、アラブ系らしい、北アフリカ系らしい」という憶測だけが独り歩きしていきます。

後に、一五〇人ほどが容疑者とされ、モロッコ、アルジェリア、イラクの出身者が一〇〇人以上を占めていました。ハイコ・マース法相（当時）は「組織的犯罪」と呼び、ドイツ全土が性的暴行犯に埋め尽くされるという恐怖と、難民に対する非難がソーシャルメディアに溢れます。この事件は、難民が危険な存在であることを一気に印象づけることになりました。

事件後、ケルンのヘンリエッテ・レーカー市長は、集団暴行と難民を結びつける根拠はないと発言して、大変な非難を浴びました。非難の矛先は、難民受け入れを進めたメルケル首相にも向かいました。ドイツのイスラーム化に反対する市民運動ペギーダに対する支持が最高潮に達したのも、この事件によるところが大きいのです。ところが、事件の真相はその後も明らかにならないままでした。

「メルケル首相、あらゆるサイドから非難を受ける」

（ル・モンド〈フランス〉、二〇一六年一月一五日）

フランスの「ル・モンド」紙も、対岸の火事のように、ケルンでの事件の後、メルケル首相の難民受け入れ政策そのものが集中砲火を浴びていることを伝えています。メルケル首相を支持する層が、自分の党のキリスト教民主・社会同盟ではなく、むしろ左派勢力になっているとも書かれています。ドイツでは、保守派のメルケル離れが進み、彼らが極右・排外主義政党の支持に流れたことが深刻な問題となっていたのです。

一年後、二〇一六年の大晦日には、ビジネスや金融の中心であるフランクフルトでも、数十人の暴徒による女性の集団暴行事件が起きたとドイツ最大の部数を誇る大衆紙の「ビルト」が報じました。二年続けて、大晦日に難民がドイツ人女性を襲ったという記事はひどい恐怖と難民への嫌悪を掻《か》き立てました。しかし、年が明けてから、「ビルト」紙は謝罪しました。集団暴行事件もなければ、難民との関係もなかったというのです。謝罪を伝える「ビルト」紙の記事です。

「フランクフルト：大晦日の暴行事件はなかった」（ビルト〈ドイツ〉、二〇一七年二月一四日）

「ビルト」紙は、二月六日付の同紙で、フランクフルトでアラブ系、もしくは難民らしき男たちによって暴行されたという女性の話を基に、大晦日の晩にまたしても事件が起きたと伝えたが、証言には根拠がなく、フランクフルト地検の捜査で、まったくの事実無根であったことが判明したと伝えています。このケースは、誤報が確認され、メディアが全面的に謝罪したので、難民に対する嫌悪の増幅は避けられたように見えますが、難民や移民に対する恐怖を煽ることがいかに簡単かを思い知らされる事件でした。

難民を移民にすり替えたヨーロッパのメディア

ヨーロッパのメディアで移民と難民がどう扱われたかという点から考えておきたいと思います。二〇一五年の九月にトルコのエーゲ海岸にあるボドルムという保養地から目の前のギリシャのコス島に渡ろうとして溺死した男の子がいました。アラン・クルディ（アイラン・クルディとも表記）という三歳の子でした。きれいな姿で、まるで眠っているかのように浜に打ち上げられた写真をトルコの通信社が配信したことから、世界中に衝撃が広がりました。

この痛ましい事件（後に彼らを乗せた業者はトルコで訴追され有罪判決を受けた）に関して、ヨーロッパ諸国の報道とトルコの報道は、まったく異なる姿勢を取ります。日付はすべて二〇一五年の九月三日です。

「溺死したシリア人少年のショッキングな写真は難民の苦境を示す」（ガーディアン）

「アラン・クルディの死：シリアのクルド人一家の強いられた逃避行」（BBC）

「難民の少年の死、アイラン・クルディの悲劇の人生」（フランクフルター・アルゲマイネ〈ドイツ〉）

一方、トルコの報道は、誰がこの子をこんな目に遭わせたのかという厳しい批判を展開しました。

「良心はどこに？」（スター〈トルコ〉）
「殺人者は誰だ？」（コルクスズ〈トルコ〉）
「恥を知れ、世界」（ミッリイェット〈トルコ〉）

最後の「ミッリイェット」紙は、記事の中でこう伝えています。

「砂で城をつくるはずの場所で……四年にわたるシリア内戦の結果、トルコに逃れた難民のことはトルコ社会にもよく知られている。しかし、ボドルムの浜に打ち上げられた子どもの遺体は、人道というものが無視されてきたという恥辱を思い起こさせた。
　地中海で、エーゲ海で、イタリア、ギリシャ、マケドニア、ハンガリーの国境で何カ月も続く歴史的な悲劇の一つが起きている。トルコ以外、戦争から逃れた難民に耳を傾ける国はない。もはや世界は恥を知るべきだ、人間性に立て！」

トルコの報道は、ヨーロッパ諸国をはじめ世界の大国が、シリア内戦を放置し、難民たちを何年もの間、絶望の淵に追いやったことを激しく非難しています。トルコの人たちにとって、二〇一一年以降、シリアを逃れる難民が流入を続け、今では約三六〇万人ものシリア人が難民としてトルコ中に溢れているのが現実なのです。
　その日のヨーロッパのメディアは男の子とその家族をシリアからの気の毒な「難民」と表現

していました。しかし、悲劇を取り上げるときは「難民問題」、そしてヨーロッパに押し寄せた人びとを論じるときは「移民問題」と扱われていたことの矛盾をジャーナリズムが問い質《ただ》すことはありませんでした。

なぜでしょうか？　ヨーロッパの国は難民条約を批准していますので、ある人を「難民」と認定すると庇護する責任を負います。この男の子の家族はシリア出身で、「イスラーム国」によって支配されたクルド地域の出身でしたから、明らかに難民なのですが、審査を経ていないので「難民」と呼ぶことを躊躇《ちゆうちよ》したのです。

もう一つは、ヨーロッパの排外主義者たちが必ず突いてくる問題なのですが、EU域内を自由に移動できる権利は、シェンゲン協定の加盟国市民のものであって、関係のないシリア人やイラク人のためのものではないという主張に一定の説得力があるからです。移動してくる人が労働目的の「移民」ならばこれは正論ですが、この規定を難民に当てはめることはできません。

二〇一五年の一二月に国連難民高等弁務官事務所（UNHCR）がまとめた「EUにおける難民・移民問題に関するメディアの報道」という報告書があります。イギリス、スウェーデン、ドイツ、イタリア、スペインでの二〇一五年の難民・移民報道（活字メディア）について調べたものです。その中に、興味深い指摘があります。殺到した人びとについて「難民」という言葉が使われた割合はドイツで九一%、スウェーデンで七五%だったのに対し、イタリアでは一六%(移民という言葉が使われた率は三六%)、イギリスでは二七%(移民:五四%)だったというのです。

そして、どの国のメディアも、彼らが戦争から逃れてきたことを指摘していたものの、母国での独裁政権の圧政を逃れたこととの説明になると、ほとんど触れていなかったと指摘しています。例えばドイツのメディアは、三五%が戦争から逃れた人たちだと書いている一方で、母国の政権による暴力については七%しか触れていないのです。そして、シリア内戦やアフガニスタンでのタリバンと政権との戦闘をきちんと説明していたメディアはほとんどなかったのです。

つまり、ヨーロッパの市民は、目の前に現れた人びとを「難民」とみなしたとしても、彼らがどのような凄惨な経験をしたのかを知らず、誰が彼らをそんな目に遭わせたのかも知らなかったということになります。

難民受け入れ国の窮状は伝えられなかった

こうしたヨーロッパの状況に対してシリアの隣国であるトルコ、レバノン、ヨルダンはどうだったでしょうか。トルコは三国の中で最も多く、二〇二〇年春の段階で約三六〇万人の難民をかかえていましたし、ヨルダンやレバノンも約一〇〇万人の難民をかかえていました。

トルコ国内での難民に関する報道は無数にあって、一つひとつ取り上げることは不可能です。トルコ、シリア難民で検索するだけで二五〇万件以上ヒットしますし、それこそ、過去一〇年、この問題が記事にならない日はなかったと言っても過言ではありません。

ところが、ヨーロッパでは、これらの国が難民を受け入れてきたという人道的措置を評価する、あるいは何とか支援しなければいけないという報道はほとんどありませんでした。むしろ、難民収容施設の状況があまりに良くない、人道的に問題だという記事くらいでした。

二〇一五年の膨大な難民の殺到を受けて、EUは二〇一六年三月一八日にトルコとの間に難民流出の抑止に関する合意に達しました。

その内容は、EU加盟国に到達した「難民」のうち庇護申請が却下された者はトルコに送還する。トルコは、同数の「真の難民」をEUに送り出すことができる。トルコは流出抑止のための支援として三〇億ユーロを二回、合計六〇億ユーロをEUから受け取る。EU域内の自由移動をトルコ国民に認める（ビザなし渡航）という内容でした。イギリスは、この合意には参加していません。

「移民危機：交渉はあった。しかし、それをどう実現させるのかは容易ではない」

（BBC、二〇一六年三月一九日）

「EU－トルコ難民合意：レビュー」（ドイチェヴェレ、二〇一八年三月一八日）

この合意は最初から難題が山積していました。はっきりしているのは、トルコはエーゲ海経由でギリシャに密出国する難民をかなり抑え込んで、密航業者を摘発してきたことです。しかしそれでも、合意後、相当数（二〇一七年には二万九〇〇〇人）がギリシャに到達しています。それでは、彼らをトルコに送還できたかというと、二〇一六年から一八年にかけて六〇〇人。それに対して、トルコからEUに送り出された「真の難民」は一万二四八九人だったとドイツ国営放送のドイチェヴェレは伝えています。しかし、ここにも問題があります。合意後、「真の難民」はドイツ、フランス、オランダ、フィンランド等が引き受けたものの、東ヨーロッパのポーランド、ハンガリー、チェコ、ブルガリア、それにデンマークは、難民の割り当てを拒否しているからです。

「EUは難民合意の履行を果たさない」（トルコ国営アナトリア通信、二〇二〇年三月三日）

トルコは結局、EUからの支援金の最初の三〇億ユーロの半分しか受け取っていません。EU域内のビザなし渡航については、EUが七二もの条件を出し、その大半をトルコはクリアしたのですが、テロ対策に関する条件で折り合わず、約束は果たされていません。その間にも、シリアの戦争で犠牲者は増え続け、トルコの負担は増していきます。支援金については、そもそもEU加盟国の間で拠出を拒否する国があるため、資金を集められていないようです。

難民をどうしたらいいのか？　難民というのは、紛争を終わらせて帰国するのが一番いいわけですから、紛争を止めるための行動を起こさなければいけなかったのです。しかし、ヨーロッパもアメリカも、シリアの戦争を止めることはしませんでした。政府が関心を持たなければ、メディアも市民も、シリアで何が起きているのかを知ることはできません。

トルコは何度も窮状を訴えました。しかし、次の章で詳しく紹介しますが、トルコに対しては敵意ばかりが増幅していきます。そして、トルコがもう難民を送り返す、放出すると言うと、EUは「トルコが脅迫している」と逆に批判する始末でした。

トルコ側にはだんだん怒りが募ってきます。EUに行きたい難民はいくらでもいるわけですから、彼らを放出すると警告します。そのたびにEUは、トルコが難民を盾にとって脅迫するのはけしからん、そんなことをするとEU加盟交渉はご破算だと切り返しました。

そしてついに二〇二〇年二月末、トルコは電撃的にギリシャとの間の国境を難民と移民のために開いてしまいました。一〇万人ほどの難民たちが、ギリシャとの陸路の国境やエーゲ海岸の町に集結し、陸路と海路からギリシャをめざしました。

それに対してEUは、ギリシャに国境警備を厳重にするための援助を行い、EUの外側からの難民の流入を阻止することを決定します。ドイツのメルケル首相も含めて、どの国も、二〇一五年の「失敗」を繰り返してはならないと主張し、この点でEU諸国は一致しました。人道支援組織は、トルコとギリシャの狭間で行き場を失った人びとを救援すべきだとしましたが、EUは聞き入れませんでした。

「エルドアン大統領、『国境は閉じない、今日、さらに三万人の難民を見ることになろう』」

（ミッリイエット、二〇二〇年二月二九日）

「トルコの移民に関する決定はギリシャとブルガリアを恐怖に陥れた」

（サバーハ〈トルコ〉、二〇二〇年二月二八日）

「ギリシャとブルガリアは難民の到着に伴い国境を封鎖」

（ガーディアン、二〇二〇年二月二八日）

「トルコのエルドアンは国境を開くことで難民を武器に使った」

（アルアラビーヤ〈UAE〉、二〇二〇年二月二八日）

ギリシャの国境警備隊は、押し寄せてくる難民に催涙弾等を使って追い返しました。海路エーゲ海を渡った難民の中には、レスボス島までたどりついた人たちもいましたが、途中で、ギ

トルコ沿岸警備隊に救助される難民の一家。写真提供／Anadolu Images

リシャの沿岸警備隊に威嚇されて追い返されるボートもありました。
ＥＵはトルコを激しく非難しました。難民や移民をＥＵ脅迫の材料に使うな、と言うのです。その直前、シリアの内戦は、反政府勢力の最後の拠点イドリブで凄惨な事態に陥っていました。二〇二〇年一月、シリア政府軍とロシア軍はイドリブへの猛攻撃を開始します。この一帯は、トルコとロシアの間で、戦闘の激化を避ける合意があって、それを監視するためにトルコ軍の監視所を設置することで両国が合意していたのです。シリア政府軍はその合意を無視して進撃しました。
「トルコは、シリアのイドリブで三三人の兵士が殺害された事態を受け、国境を開いて難民をヨーロッパに放出」（インデペンデント、二〇二〇年二月二八日）
「トルコは、ＥＵに対してシリアを助けるよう要求、国境を開けると脅して」
（ニューヨークタイムズ、二〇二〇年二月二八日）

「トルコがヨーロッパに対して国境を開くと脅迫した後、シリア難民がギリシャとの国境に到達」
（テレグラフ〈イギリス〉、二〇二〇年二月二八日）

あっという間に、トルコ軍部隊はシリア政府軍に包囲され、攻撃を受けて犠牲者が出ました。これに対して、トルコは九年に及んだ内戦で初めて、シリア政府軍に対して反撃を開始します。「春の盾」作戦です。事実上、シリア政府軍との初めての正面衝突となったのです。トルコ軍側もかなりの戦死者を出しましたが、空と陸から反撃し、シリア政府軍を押し返しました。

しかし、それまでにすでに一〇〇万人近い国内避難民がイドリブを追われてトルコ国境地帯に集まっていました。二月、三月はまだ雨や雪も降る寒い季節です。劣悪な状況のもとで、またしても人道危機が発生しました。しかし、今回はトルコが国境を開けません。国境の手前で避難民たちは三カ月あまりを過ごすことになってしまったのです。

難民をこれ以上かかえることは不可能だと言い続けてきたトルコは、イドリブを逃れた人たちを受け入れざるを得ないのなら、西からヨーロッパ側に同じ人数を流出させるつもりでした。もし、さらに一〇〇万人をシリアから受け入れるなら、一〇〇万人の難民をギリシャに向けて出す。そういうことになれば、確実に、ＥＵは崩壊したはずです。

ちょうどそのとき、新型コロナウイルスがヨーロッパと中東も襲い始めたのです。イランで感染が爆発的に拡大し、トルコも三月上旬に感染者が確認されてから、一気に増えていきます。ヨーロッパでは、イタリア、フランス、スペイン、イギリス、ドイツ、ギリシャと全EU諸国に感染は拡大していきます。中でも、感染がいち早く拡大したイタリアでは大変な事態となっていました。ギリシャ国境に集結した難民たちも、新型コロナウイルスの感染爆発の状況では、ギリシャに行くどころではなくなってしまいました。いったん、トルコ側に戻らざるを得なくなりました。しかし、シリアの戦争も、トルコが限界まで難民をかかえている現実も、何一つ変わってはいません。今は、新型コロナウイルスの感染拡大を抑止することに、すべての国が総力を挙げている最中ですから、一時的に棚上げになっているにすぎません。

分断を見過ごしたのか、それとも無視したのか？

ヨーロッパのジャーナリズムというのは、ヨーロッパ域内の問題について論争をしても、問題がヨーロッパの外側とどう関係しているのかを見ようとはしません。

ポピュリズム政党が「彼らはみんな不法移民だ」と主張したときに、それをレイシズムとして批判することはできます。しかし、なぜ不法移民と一括りにするのが誤りであるのか、それを原点のシリア内戦やアフガニスタンの状況に立ち返って論じることは、ヨーロッパのメディアにはできませんでした。

さらに言えば、彼らが難民なのか、それとも不法移民なのかを判断する権限を持っているのは、難民認定機関だけです。ドイツでしたら連邦移民・難民庁です。ジャーナリストは、ポピュリストの言い分に疑問を呈することはできても、連邦移民・難民庁を差し置いて、彼らが難民かどうかを断定する記事は書けないという問題もありました。

そして、その難民認定の結果を見ると、認定を得られない人の比率は低くありません。二〇一七年の認定結果（第一段階）では、難民として認定されたのは二五・一%、却下されたのは三六・八%です。その間には、難民と認定はしないけれど、母国に送還すると迫害の危険がないとは言えない人たちに保護を与えるというカテゴリーもあります。ドイツの場合、シリア出身者が却下される率は〇・二%と低いですが、アフガニスタン出身者になると同じ年で五二・六%が却下、イラク出身者も三五・五%は却下されています（庇護情報データベースAIDA, Country Report Germany 二〇一七による）。

みなが不法移民だというのが言い過ぎとしても、かなりの人が難民申請を却下されているということは、不法移民とみなされたことを意味します。排外主義者たちの言い分にも一定の正しさがあることになります。こうなると、ドイツのポピュリスト、中には極右も当然含まれるのですが、彼らは大手を振って「俺たちは狭量な極右じゃない。だって、周りのヨーロッパ諸国でも同じことを言っているじゃないか。これはヨーロッパ共通の問題なのだ。ヨーロッパのアイデンティティに関わる問題なのだ」と主張するようになってきます。

難民問題に関する諸言説の中で、もっとも危険なのはこの部分です。より広いアイデンティティの問題だと主張することによって、ヨーロッパの内と外をはっきりと区別して、そこに深い断裂をつくり出しているからです。

しかも「外」はイスラームの世界ですから、その問題に関心などを払おうとはしない。これは政治家からジャーナリストまで、否、一般の市民までほぼ同じです。

ここで大変重要でありながら、決してヨーロッパのメディアが触れてこなかったことを書いておかなければなりません。それは、実際に多くのシリア難民を受け入れてきたトルコ、レバノン、ヨルダンなどイスラム圏の国々では、組織的な難民排斥運動が活発化することはなく、排外主義政党も台頭しなかったということです。

結論的に言えば、ヨーロッパのメディアが分断をつくり出したわけではありません。しかし、多くのメディアはこの問題に沈黙し、流されていきました。

ここで、キング牧師の有名な言葉を思い出しておきたいと思います。

「最大の悲劇は、悪人の圧制や残忍さではなく、善人の沈黙である」

第四章　トルコ・バッシング

トルコはなぜ嫌われたか？

前章でも少し触れている通り、トルコという国は、中東・イスラーム世界の中で、欧米諸国の政府とメディアからもっとも否定的に扱われてきました。極端なことを言えば、政治に関することでポジティブに評価される報道はほとんどありません。ポジティブに描かれるのは、食文化とバカンスに関する記事ぐらいでしょうか。

ここではつい最近、二〇一九年の一〇月に起きた事件を基に、トルコが欧米諸国から激しいバッシングを受けるプロセスを一度トルコ側の視点から見直してみようと思います。

トルコは、ＮＡＴＯ（北大西洋条約機構）の加盟国ですし、長年、ヨーロッパの一員になろうとしてＥＵ加盟を望んできたくらいですから、自分から西欧世界との間に「分断」をつくったわけではありません。ヨーロッパやアメリカの側がトルコを敵視し排除しようとしたのですが、世界中のメディアは大半が欧米中心の視点に立っていますので、どうしてもそこが見えにくくなります。

事の発端は、二〇一九年一〇月九日にトルコ軍が内戦下のシリア領内に侵攻し、クルド人軍事組織の人民防衛隊（ＹＰＧ）を掃討する作戦に出たことにあります。これによって欧米のメディアからは「トルコによるシリア侵略」「クルド人が虐殺される」という報道が噴出したのです。

シリア内戦と「イスラーム国」の台頭

その前に、少し煩瑣《はんさ》になりますが、シリア内戦を振り返っておかなければなりません。シリアでは二〇一一年以来内戦が続いています。

シリア内戦は実際のところ「内戦」ではありません。政権側、反政府側双方に外国軍が参加しているのですから、これは「戦争」です。バッシャール・アサド大統領の政権側にはロシアとイランがついています。反政府側の中でスンニー派のジハード組織や自由シリア軍の側にはトルコやカタールがいます。最後の局面では、アメリカがクルド武装勢力を支援します。

反政府側の武装組織の多くが、イスラームのジハードを主張する武装組織です。シリアのスンニー派ムスリムが存亡の危機にあるのだから、イスラームの敵アサド政権と戦うのはジハードだと信じた国内外の戦闘員たちです。中には国際的にテロ組織とされたアルカイダ系の組織もあります。

内戦が始まってから早い段階の二〇一二年には、クルド人の間に生まれた、政治組織の民主統一党（PYD）とその軍事組織である人民防衛隊（YPG）が、シリア北部に自治領域（ロジャヴァ）をつくろうとしていました。

二〇一四年になるとそこに「イスラーム国」が勢力を拡大しました。改めて説明すると「イスラーム国」は、元は「イラクとシリアのイスラーム国（ISIS）」と名乗っていた組織で、イラクのスンニー派の人たちの間から生じた急進的なイスラーム主義の集団です。二〇一四年六月にはバグダーディーという人物がスンニー派の指導者たるカリフの位に就いたと宣言し、「イスラーム国」（IS）を自称しました。シャリーア（イスラームの法体系）による統治と背教者たちとの戦いのために、あまりに教条主義的で妥協を許さなかった彼らは、同じムスリムを背教者として処刑し、シーア派の住民を虐殺しました。また、長らくこの地域に住んでいたクルドやヤズィーディー等、少数民族や宗派に向けて、あまりに残忍な行動を取ったことで、世界からにわかに注目を集め、壊滅しなければならない「敵」とされました。「イスラーム国」はトルコのすぐ南側、ユーフラテス川の東側、つまりシリアの東北部に当たる地域にも勢力を拡大しました。

イラクから侵入した「イスラーム国」はクルド勢力を攻撃して彼らから支配権を奪ったのです。このため、クルド勢力は「イスラーム国」との激しい戦いに乗り出します。「イスラーム国」を非常に危険なテロ組織とみなした世界各国は、クルドの武装勢力に注目します。アメリカやヨーロッパ諸国は、YPGを地上からの「イスラーム国」掃討作戦に使うことにしました。二〇一五年九月、ロシア軍が本格的に軍事介入を始めます。圧倒的な空軍力を持つロシア軍の参加によって形勢は逆転し、反政府勢力は追い詰められていきました。二〇一六年の一二月二三日には、反政府勢力の一大拠点だったシリア第二の都市・アレッポ東部がシリア政府軍に制圧されます。二〇一九年には、反政府側の拠点は北西部のイドリブ県を残すだけとなりました。

米・ロの代理戦争という誤認

アメリカはアフガニスタン侵攻とイラク戦争の失敗から、米軍をシリアに派遣し「イスラーム国」と直接戦うことには消極的でした。米軍兵士にも多数の犠牲を出しながら、二つの戦争とも中東に平和をもたらさず、イスラーム過激派の暴力は一層ひどくなっていたからです。

アメリカ社会に厭戦《えんせん》気分と平和への期待が増していたときに登場していたのがオバマ大統領でした。このような背景があったので、シリア内戦の状況は日増しに悪化していったにもかかわらず、アメリカは傍観を続けたのです。

二〇一三年の八月にはアメリカの消極性を象徴することが起きました。シリア政府軍は反政府勢力が支配していたダマスカス近郊でサリンによる化学兵器を使い、多くの住民を殺害しました。化学兵器の使用は戦争犯罪として禁じられています。老若男女、子どもたちの遺体が並ぶ様子を反政府側のテレビが流していました。

このとき、世界は割れていました。シリアとロシアは、真っ先にアサド政権側による化学兵器の使用を否定しました。

「ロシアは、シリアでの『化学攻撃』は、反政府側による計画的煽動《せんどう》を示唆」

（ロシア・トゥデイ、二〇一三年八月二一日）

記事では、化学兵器の使用で犠牲者が出たことは認めていますが、それが反政府側のホーム・メイド・ロケットではないかと疑うロシア外務省の見解を伝えています。これに対し、アメリカ、イギリス、フランス、トルコは、アサド政権による攻撃だったと断定します。この分断は、そのままメディアに表れました。

「一四〇〇人に及ぶ犠牲者についてシリア政府は攻撃についてはしぶしぶ認めたが化学兵器の使用は否定した」

（ガーディアン、二〇一三年八月二二日）

九月に入って、国連は報告書を出しましたが、そこでは、サリンが使われた証拠があるとしたものの、誰が攻撃したのかについて明言を避けています。安保理の常任理事国であるロシアが強く否定していることへの配慮でした。

報告書について報じたロイター通信は、アメリカとロシアがシリアの化学兵器全廃で合意したと伝えていますが、ロシアはアサド政権による攻撃を否定、アメリカ、イギリス、フランスの国連大使は、アサド政権による攻撃だったことに疑いの余地はないと主張したと伝えています（ロイター、二〇一三年九月一六日）。

アメリカとロシアがアサド政権に化学兵器を廃棄させるとしているのですから、ロシアもアサド政権のサリンによる攻撃を認めていたことになります。実に不可解な幕引きでした。この事件で、欧米側とロシアが対立したことは、シリア戦争の見方を間違った方向へと誘導してしまいました。冷戦時代のように、あたかも米・ロの代理戦争のように見えたからです。

しかし、代理戦争に見せることはアサド政権とロシアの戦略でした。シリアがスーパーパワー同士の戦いに巻き込まれているように装うと、他の国は迂闊《うかつ》に干渉できません。実際、その陰で、この政権は無類の残忍さで国民を犠牲にしていったのです。化学兵器攻撃の一年前、すでに次のような記事が出ていました。

「シリアめぐる最悪のシナリオ、米露の代理戦争に発展も」

（ロイター、インターネット日本語版、二〇一二年二月九日）

オバマ政権は、二〇一二年八月にはすでに、アサド政権が化学兵器を使用すれば、レッドライン（最後の一線）を越えたことになると表明していました。これだけ大規模な化学兵器の使用は、アメリカによる軍事介入の可能性を高めました。

「オバマ政権はシリア攻撃への反応を計っている」

（ニューヨークタイムズ、二〇一三年八月二二日）

しかし、オバマ大統領は国内をまとめられず、同盟国のイギリスも消極的で、結局武力行使はしませんでした。とりあえず、化学兵器使用は国連に調査をさせ、化学兵器禁止機関（OPCW）にゆだねることにしたのです。アメリカ自身が、ロシアが背後にいるアサド政権を攻撃することで、米・ロの衝突に追い込まれることを避けました。

「ロシアはシリアに化学兵器を引き渡すよう要求」

（ガーディアン、二〇一三年九月九日）

「米ロ、シリアの化学兵器廃棄の枠組みで合意」

（CNN、二〇一三年九月一五日）

この二つの記事は、アサド政権の化学兵器による攻撃の後、アメリカとロシアが活発な外交交渉を展開した結果、アサド政権が化学兵器を廃棄することを約束したという内容です。合意に達したのは良い結果だったわけですが、このことが世界中で大々的に報じられたために、シリア内戦が米・ロの代理戦争だと思われる原因となったのです。

戦争という手段が、事態を悪化させることは言うまでもありません。しかし、シリア内戦においては、犠牲の拡大を食い止めるために限定的な攻撃が必要でしたし、化学兵器の使用は、介入が必要なタイミングでした。このような介入は、「保護する責任」(Responsibility to Protect)と言って、一九九九年には国連安保理でも決議が採択されていました。正確には、「文民の保護に関する決議第一二六五号」と言います。

シリア政府軍はヘリコプターを使って殺傷能力の高い「樽《たる》爆弾」(ドラム缶に爆薬や鉄等を詰め込んだ爆弾)を市民に対して投下し続け、いくつもの歴史的都市を廃墟《はいきょ》にし、膨大な数の難民を生み出しました。しかし、どの国も、シリアに人道的介入をしようとはしませんでした。ロシアという国連安保理の常任理事国を敵に回して、国連の承認が必要な人道的介入の合意を取り付けることは不可能だったからです。国連の枠組みでは内戦を止められないことをシリアは示したことになります。

「アサド政権の『樽爆弾』が自国民を虐殺する―シリア和平協議再開に合わせて国際社会にアムネスティが突き付けた『戦争犯罪』報告書」

(ニューズウィーク〈アメリカ〉、二〇一五年五月一五日)

しかし、時が経つにつれ、アメリカもアラブ諸国も、反政府勢力に過激なジハード組織がいたことから、シリア内戦から距離を置くようになります。反政府側を支援し続けたのは、トルコとカタールだけでした。そしてこれが、「イスラーム過激派を支援するトルコ」へのバッシングを招く原因となったのです。

アメリカに批判的な人たちは「アメリカ帝国主義に侵略されるシリア」という冷戦時代の左派のような視点でシリア内戦を見ていたところがあります。ロシアやイラン系のメディアはそうした構図を強調するプロパガンダ報道をして、欧米諸国が反政府勢力側につくことを牽制《けんせい》していました。

「シリア内戦、米・ロ代理戦争」というキーワードで検索すると、多くのジャーナリストや専門家の記事がヒットします。この種の見出しをつけたものは、シリアでの戦争が米・ロの衝突になるかもしれないと危機感を煽り、耳目を集めようとするものでした。このような「煽り」の記事は、しばしば事態を悪化させる危険があります。

けれどもアメリカは、もともとシリアには関心を持っていませんでした。冷戦時代にはソ連の影響下にありましたから手を出していません。戦略上重要なアラブ産油国は冷戦の末期にはアメリカの軍事力の傘の下にありました。シリアの存在がイスラエルにとって脅威とならない限りは、ロシアにまかせておいて良かったのです。イスラエルも一九七三年の第四次中東戦争以降、アサド政権がイスラエルと対決する気など毛頭ないことを知っていました。

三〇年も前に終わった冷戦の枠組みを当てはめて、シリア内戦を「米・ソ（ロ）の代理戦争」であるかのように見るのは見当はずれでした。むしろ、米・ロがシリアで衝突したらどうするのだ。それこそ大惨事になるじゃないか、という意識が、アサド政権の残虐行為を放置する原因になりました。これに対して、一貫してその危険性を国際世論に訴えたのは膨大な数の難民が流入してきたトルコでした。

「国を持たないクルド人」の戦い

しかし、「イスラーム国」の台頭でアメリカは態度を変えます。オバマ政権は「イスラーム国」を掃討するために、有志連合軍による激しい空爆を行い、地上では、シリアのクルド人武装組織（YPG）に武器や資金を与えた他、軍事訓練を施すことによって支援しました。少しずつ、米軍地上部隊をシリアに送り込み、最後は一〇〇〇人以上の兵士がクルド武装勢力と共にいました。

クルド人というと「国を持たない最大の少数民族」という表現が今でもよく使われます。しかし、これは奇妙な表現です。実際、自分たちの国を持たない民族なら世界中にいくらでもあります。そして、「国を持たない民族」というのはシリア、トルコ、イランのクルド人にとっては当たっていますが、イラクのクルド地域ではイラク戦争の結果、クルド地域政府（ＫＲＧ）が成立し、事実上の国家となっています。議会も独自の軍隊も持っています。それを可能にしたのは、イラク戦争でクルド人がアメリカに協力したからです。

ＹＰＧは、政治組織のＰＹＤと一体になっています。彼らは、もともと共産主義とクルド民族主義を併せ持っていた組織で、イラク北部の部族主義的なクルド政府とはそりが合いません。現在では、クルド民族主義だけでなく多様性を認め、ジェンダーフリーな社会の実現をめざす等、表向きは開明的で欧米諸国が受け入れやすい政策を提示しています。

このＹＰＧは、トルコで分離独立闘争を続けてきたクルディスタン労働者党（ＰＫＫ）と同根の組織です。ヨーロッパ各地で行われるＰＫＫのデモでは、ＹＰＧの旗も振られているのを普通に見ることができます。そのため、トルコは一貫してＹＰＧをＰＫＫと同じテロ組織としてきたのです。しかし、アメリカもヨーロッパ諸国も、それを知りながら認めようとしませんでした。ＰＫＫは、トルコだけでなく、アメリカ、ＥＵ、そして日本でも国際テロ組織とされており活動は禁じられているので、矛盾を避けようとしたのです。

武装組織には、年齢も性別も問わず集められた兵士たちがいます。一〇代の少年、少女の兵士も含まれており、子どもの人権を侵害していることは明らかでした。生活もままならない貧困層の家族に、子どもを差し出せば給料も食糧も保証してやると言って戦闘員を集めたのです。

「YPG/PKKによる一〇代の子どもたちの強制動員が明らかに」

（トルコ国営アナトリア通信、二〇一八年三月二六日）

これはトルコの国営通信による記事ですから、完全にトルコ側の立場で書かれていますが、負傷してトルコ軍に捕らえられたYPGの戦闘員の一七歳の少年が、シリア側の親戚の家を訪ねたときにYPGの軍事徴用によって兵士にされたことを自白したというものです。

「シリア：武装組織が避難民キャンプから子どもたちを徴用」

（ヒューマン・ライツ・ウォッチ、二〇一八年八月三日）

こちらは国際的な人権監視団体のヒューマン・ライツ・ウォッチの報告ですが、シリア民主軍（SDF）の中核をなすYPGが、シリア国内の避難民キャンプを回って、貧しい避難民の子どもたちを兵士に徴用しているというものです。この団体が調査したところでは、一三歳から一七歳の女性を含む子どもたちがYPGの兵士によって連れ去られ、家族は連絡が取れないと訴えたとありますから、もっとも弱い立場の避難民からも少年・少女兵を徴用していたことが窺《うかが》えます。

二〇一七年の国連による「武装闘争における子ども兵士」という報告書では、YPGとその女性部隊による子どもたちの徴用が二二四の事例について報告されていると伝えています。ヒューマン・ライツ・ウォッチは、YPGを支援するアメリカ政府に対して、子どもの徴用を止めさせるよう強く求めています。言うまでもなく、一五歳未満の子どもを戦闘に参加させることや軍に入隊させることは、「国際刑事裁判所に関するローマ規程」で戦争犯罪として禁じられています。

しかし、彼らが「イスラーム国」と死闘を演じたことで、欧米のジャーナリストたちは一躍、YPGを英雄のように扱いました。特にシリア北部のコバニ（アラビア語ではアイン・アルアラブ）という町を奪還していく過程は、ジャーナリストたちが好んで報道しましたし、映画にもなりました。コバニ解放の戦いには、一〇代の女性兵士の姿もありました。

「我々の誇り：コバニを守るために『イスラーム国』との戦いで戦死した女性」

（ガーディアン、二〇一五年一月三〇日）

「『イスラーム国』との戦闘の最前線で戦うクルド人女性」

（ウォール・ストリート・ジャーナル、二〇一四年一〇月一七日）

「ウォール・ストリート・ジャーナル」紙の記事では、「イスラーム国」と戦うクルド人戦闘員の三分の一は女性であることを強調していますが、アメリカが秘密裏に協力したクルド武装組織の一つとして結成されたのがクルド人女性旅団であったことにも言及しています。注意すべきは、女性戦闘員の活躍が、女性の敵「イスラーム国」との戦争の前では肯定すべきものであるかのように扱われたことです。先に指摘したように、一五歳未満の子どもを戦闘員にすることは、男性であれ、女性であれ戦争犯罪なのですが、多くの欧米諸国の報道はそこを無視しています。

2014年、シリア北部の要衝コバニをめぐる戦闘に従事したクルド人女性兵士。写真提供／Uniphoto Press

「コバニでの戦闘：『イスラーム国』に対する新たな空爆は、新たな助けを求める声の中で行われた」
（ガーディアン、二〇一四年一〇月八日）

「コバニは新たなセレブレニツァになる恐れ：国連が警告」
（同、二〇一四年一〇月一一日）

二つの記事は、コバニで「イスラーム国」と激しく戦うＹＰＧに関するものですが、二つ目の記事が、ボスニア内戦で虐殺が起きた悲劇の地、セレブレニツァに言及しているのは象徴的です。このとき、トルコはＹＰＧ支援の軍隊を送りませんでしたし、イラクのクルド軍部隊ペシュメルガがトルコ領内を通過してコバニに向かうことになかなか許可を出しませんでした。こうして、コバニのクルド人が「イスラーム国」に虐殺されるという懸念が拡大し、欧米諸国は、ボスニア内戦の悲劇を引き合いに出してトルコへの非難を強めたのです。

「コバニでの戦いは、一つの戦闘以上に宣伝戦となった」

（ニューヨークタイムズ、二〇一五年八月二七日）

「シリア内戦：コバニにおける新展開」

（アルジャジーラ、二〇一六年五月一三日）

日本の報道では、忌まわしい「イスラーム国」と戦うＹＰＧを称賛する傾向が強かったのですが、それに対して、アメリカやイギリス、そしてアルジャジーラの報道では、クルド勢力がシリア北部に支配権を打ち立てることで、トルコとの間に新たな対立が生じる懸念を報じていました。

ＹＰＧのトップにマズルーム・コバニという人物がいます。マズルーム＝抑圧された、コバニ＝「イスラーム国」との激戦地の町の名前ですから、一種のコードネームです。トランプ大

トルコ当局に拘束されているアブドゥッラー・オジャラン。
写真提供／Anadolu Images

統領とアメリカ政府高官も、後に英雄としてこの人の名前に何度か言及しますが、本名をフェルハト・アブディ・シャーヒンといい、ＰＫＫの幹部でした。ＰＫＫのリーダーはアブドゥッラー・オジャランという人物で、彼は現在トルコの刑務所に終身刑で収監されていますが、ＹＰＧもこのオジャランを指導者としています。

トルコとクルドとの関係は永遠の抗争か？

シリア北部でのＹＰＧの台頭はトルコにとって深刻な問題になっていきます。そのことを書く前に、少し、歴史をたどってみましょう。一九七〇年代後半にＰＫＫが誕生して以降、トルコはクルディスタン労働者党（ＰＫＫ）の分離独立運動を抑え込むことに大変な力を費やしてきました。一九九〇年代には、双方に四万人以上の死者が出たと言われています。

当時のトルコ軍の対ＰＫＫ作戦は非常に強硬なものでした。多くのクルド人が住んでいるトルコ東南部では、ある日クルド人の村にＰＫＫがやって来て、その村の若者を「兵士として差し出せ」と要求します。要求を拒むと裏切り者として殺されてしまう。別の日に、今度はトルコ軍がやって来ます。「お前たち、ＰＫＫに協力したろう」と尋問されるのです。もちろん村人は弁明しますが、逮捕され拷問を受けることもありました。毎日のように、こんなことが繰り返されたら、生活などできるはずがありません。そのため、そんなところにいても未来はない。ＰＫＫとトルコ軍との衝突が激化するにつれて命の危険もあるということで、多くの人たちはその地域を離れてイスタンブールのような大都市に逃れました。

その結果、トルコ政府にとって、敵はＰＫＫであったはずなのに、あたかもクルド人全体を敵に回しているような構図ができ上がってしまいました。当時はトルコ軍に対する政府のシビリアン・コントロール（文民統制）もできておらず、九〇年代までの、対クルド政策は、国内の分断を深めるばかりでした。

この時期にトルコを逃れてヨーロッパ諸国に亡命した人たちは、スウェーデン、デンマーク、ドイツ、オランダ等の庇護を受け、ＰＫＫのプロパガンダを活発に続けています。すでに彼らは亡命先の国籍を持っていますし、政治家として活躍している人もいて、ヨーロッパ諸国のメディアは、手近な彼らからクルド問題についての情報を取ってきました。これがトルコ・バッシングの主要なソースとなります。

「ドイツでPKK幹部に対する公判が開始された」

（ドイチェヴェレ、二〇二〇年五月二六日）

この記事は、ドイツ国内でPKKのプロパガンダ活動や集会を組織し、資金集めをした容疑で、ドイツのPKK幹部が逮捕され、訴追されたことを報じたものです。記事には一九九三年以来、ドイツではPKKがテロ組織として非合法化されていることも書かれています。

ここが難しいのですが、EU諸国はPKKをテロ組織としていながら、実際には取り締まりがゆるく、彼らの活動は野放しになっていました。資金集めというのは、ドイツ在住のクルド人たちから強制的に寄付を募る行為で、クルド人の多くは、当然、これを嫌って彼らと付き合わないようにするのです。

ヨーロッパに渡ったクルド人は、迫害を受けても受けなくても、難民だと主張することによって権利を安定させようとしました。難民認定されれば、生活費や住居まで国が面倒を見てくれるからです。九〇年代までのヨーロッパ諸国は、今よりずっと寛容でしたから、ほとんどのクルド人を難民として認定してきました。「イスラーム国」の迫害を逃れたシリアのクルド人については現在も認定されますが、現在、トルコから来た人に対する難民認定は厳しくなっています。

対クルド政策を変えたエルドアン政権

トルコ国内でのクルドとの対立構造を劇的に変えようとしたのが二〇〇二年に誕生した公正・発展党（ＡＫＰ）のエルドアン政権でした。三〇年以上にわたってトルコを見てきた私にとっては、驚くような変化でした。

一九九〇年代より前には、「クルド語なんて存在しない。あれはトルコ語の方言だ。クルド人、いや、あれは山にいるトルコ人のことだ」という形でクルド人のアイデンティティを否定するトルコ人は少なくありませんでした。実際、クルド語はトルコ語とはまったく異なる言語です。これを方言だと強弁し、彼らの民族的なアイデンティティを否定するような政策を採ったのは失策でした。これには、九〇年代まで、トルコ・ナショナリズムを体現する国軍が政治に強い影響力を持っていたことが深く関わっていたからです。

九〇年代までのトルコというのは、厳格に西欧の国民国家のシステムを模倣しようとした国でした。しかしながら、もともとオスマン帝国の時代から多様な民族がいた地域で、一つの民族が支配権を握るという「国民国家」をつくってしまうと、他の民族はどうしても存在を否定されてしまいます。これは帝国主義時代のヨーロッパ列強によって国境線を引かれた地域であればどこにでもある分断の問題です。

トルコの場合、第一次世界大戦で前身のオスマン帝国が敗れて、ボロボロになっているときに、ムスタファ・ケマル（後のアタテュルク）のもとでトルコ民族が団結して、何とか独立を達成しました。そのために、非常に強固な「トルコ民族の国」になったのです。

トルコ人の独立戦争も困難を極めました。どの国も支援しなかったからです。アナトリア半島（現在のトルコのアジア側）に深く侵入したギリシャ軍を一九二二年九月に撃退し、何とか外国勢力を撤退させ、二三年に戦勝国側とローザンヌ条約を結んで独立を達成しました。だからこそ、その結果勝ち取ったトルコ共和国は強烈なトルコ民族主義の国家となり、自分はトルコ人ではないと主張する人びとの存在を認めませんでした。元はと言えば、「民族」が「国家」を持つという民族国家の概念をヨーロッパがこの地域に持ち込んで、民族同士を争うように仕向けたことが問題の根源でした。

それに対して、公正・発展党（ＡＫＰ）のエルドアン政権は「トルコとしてはＰＫＫの武力闘争は許さない、ＰＫＫはテロ組織である。しかしながら、一般のクルド人を敵としない、あるいは敵視しているように見える政策をやめる」ことを強く打ち出したのです。

今では「クルド」という言葉は何の問題もなく使われますし、トルコ国営ラジオ・テレビ局（ＴＲＴ）でクルド語の放送もしています。クルド人が多数住んでいる東南部の自治体、クルド人が市長を務めているような自治体に行くと、市役所の看板はトルコ語だけでなくクルド語でも書かれています。ただし、国語（国家語）がトルコ語であるという原則は譲りません。

「クルド語がトルコの学校で教えられるようになる　エルドアン首相」

（ＢＢＣ、二〇一二年六月一二日）

このようにエルドアン政権のトルコは、クルドとの融和策を採るようになります。もちろん、そのことで過去の激しい衝突の傷が癒えたわけではありませんし、和解が成立したわけでもありません。

なぜエルドアン政権はこのようなクルドとの融和策に乗り出したのでしょうか。ごく簡単に言えば、民族同士が争うのは、一九世紀に当時の西欧が中東に持ち込んだ民族主義の結果だと批判的に捉えるからです。世界の多くの国は、今まで何の疑いもなく、民族が国民となり、国民が国家をつくるという西欧的な近代国家の枠組みに沿って国家建設をやって来ました。しかし、その結果、民族対立が発生しました。

それなら、西欧的な民族主義から自由になった方がいい。自分たちのイスラームの信仰に従えば、クルドもトルコもない。ただムスリムの兄弟、それでいいじゃないかということです。

この考え方は、スンニー派イスラーム主義者のエルドアンたちの基本理念でした。イスラームには、人種、民族、国民国家のような概念は存在しません。人間を、領域のある国民国家に分断する発想もありません。もちろん、今さらイスラーム帝国だったオスマン帝国を復活させようとするわけではありませんが、国のあり方においてはオスマン帝国時代の方に戻ろうとしているところがあります。トルコ領土の一体性は譲りませんが、同じトルコ国民であることを受け入れるならば、彼らの文化を否定しないということです。実際、国内のクルド人の多くは、これを受け入れていて、クルドの権利拡大は望んでもＰＫＫの武装闘争を支持してはいません。

こうして、二〇一三年になると、刑務所に収監中のＰＫＫの精神的指導者アブドゥッラー・オジャランとも和平交渉を開始しました。オジャランも、ＰＫＫに武装解除を呼びかけて、山岳地帯から下りるよう促しました。政府側は、主犯格は訴追するけれども、末端の戦闘員たちには恩赦を与えることも提案しました。

「トルコはＰＫＫとの和平交渉を継続」（アルジャジーラ、二〇一三年一月一一日）

「トルコのクルド人：ＰＫＫリーダーのオジャランが停戦を呼びかけ」

（ＢＢＣ、二〇一三年三月二一日）

アルジャジーラは、三〇年に及ぶ闘争を経てエルドアン首相（当時）がＰＫＫとの和平交渉に乗り出したこと、与党だけでなく、極右政党を除く野党も歓迎の方向であることを伝えています。ＢＢＣもＰＫＫ側が武装解除に応じる姿勢を示し歴史的和解に踏み出したことを伝えています。オジャランの武装解除の呼びかけに戦闘員が応じるなら、トルコ軍はＰＫＫに対する掃討作戦を停止するという妥協策についても言及しています。

「ディヤルバクルでエルドアンとバルザーニ会談」

（アルジャジーラ、二〇一三年一一月一七日）

この記事では、和平を実現するために、エルドアン首相が北イラクのクルド地域政府の代表だったメスード・バルザーニとトルコのクルド地域の中心ディヤルバクルで二〇年ぶりに会談し、投降したＰＫＫ戦闘員をイラク側のクルド政府が引き取る方向で交渉を進めていると伝えています。トルコはクルド地域政府とは正常な関係を維持しています。

しかし、ＰＫＫとの和平交渉は、結果的にうまくいきませんでした。ＰＫＫが無神論の共産主義をベースとする組織で、イスラームの精神とはまったく親和性がなかったことが根本的な原因の一つです。「ムスリムの兄弟だから」という理屈は、無神論者のＰＫＫには通じませんでした。彼らはＡＫＰ政権に組織を切り崩されることを恐れていたのです。

クルド武装勢力に対する掃討作戦

二〇一五年以降になると、シリアの状況がトルコ側でのクルド問題に大きな影響を与えるようになります。「イスラーム国」から土地を奪い返し、アメリカやヨーロッパ諸国の支援を得られたことで、クルド独立の気運が高まります。それがトルコのＰＫＫにも波及して、再度トルコに対する武装闘争が激化していきます。ＰＫＫはクルド人が多い都市で、塹壕《ざんごう》を掘って市街戦のような攻撃を始めます。これをされると治安部隊は座視できませんので、トルコ軍とＰＫＫとが市街地で衝突してしまいました。トルコ人vs.クルド人の対立という構図をＰＫＫがつくり出そうとしたのです。結果的に両者の分断が深まると同時に、クルドの一般市民はＰＫＫに対する批判を強めるようになりました。

「トルコのエルドアンは『決してクルド国家は許さない』と発言」

（ロイター、二〇一五年六月二八日）

エルドアン大統領の態度は急変します。クルド武装勢力がシリア北部に独立国をつくるような策謀を断じて認めないと宣言したのです。PKK側のメンバーは、シリア側に行って、「イスラーム国」との戦いに参加していました。テロ組織のPKKと同じ組織であるYPGがシリアで力を持ったのでは、仮に国内のPKKを掃討しても、シリア内にいるYPGのもとへ逃げてしまい、そこから越境して攻撃されるので、トルコ自身の安全保障が危険にさらされます。トルコ政府はトルコとの国境に近い地域にいるYPGを国境から引き離せと、彼らの背後にいるアメリカに対して強く要求します。

トルコは、二〇一六年八月から一七年三月まで「ユーフラテスの盾」作戦で、シリアに進攻しましたが、これは「イスラーム国」に対する有志連合軍としての攻撃でした。

その後、「オリーブの枝」作戦を二〇一八年一月から三月まで行い、今度は、米軍のいない地域でYPGの掃討に乗り出しました。二つの作戦とも、シリアの北西部で、トルコとシリアを結ぶ交通の要衝に近い地域でしたから、とにかくそこからクルド武装勢力も「イスラーム国」も追放しようとしたのです。

ユーフラテス川の西側には実はクルド人の地域は少なく、YPGは勢力拡大のためにロシア軍やシリアのアサド政権軍と協力していました。トルコは、最初、シリアのアサド政権側にいるロシアを厳しく批判し、二〇一五年にはロシア空軍機を撃墜してしまいます。ロシアとトルコの関係は極端に悪くなったのですが、ＹＰＧはそこを突いてロシアの支援を取り付けます。しかし、トルコは、その後、国境地帯のＹＰＧを掃討するにはロシアとの協力が欠かせないことを理解し、一六年にはエルドアン大統領がロシアを訪問して、ロシア軍機撃墜を謝罪し、一気に関係強化に乗り出します。

ユーフラテス川の東側では、ＹＰＧはアメリカの支援を得ていました。トランプ政権になったアメリカは、基本的にシリアから手を引こうとしていましたが「イスラーム国」掃討作戦だけは続けていました。ＹＰＧはそのアメリカを頼りにします。トルコにとって次の課題はアメリカが支援するユーフラテス川の東側になりました。ロシアとしても、シリアには歴史的に介入しなかったアメリカが軍を出してきたことに不快感を隠しません。

「ロシアは中東におけるアメリカのテロとの戦いを非難」

（ニューズウィーク、二〇一九年二月一九日）

ラヴロフ外相が、アメリカが中東で武力によって「テロとの戦い」を続けるのは、ロシアによる平和的なプロセスを邪魔するものだと言うのですが、シリアに軍事介入しているロシアが言うのは失笑を禁じ得ません。

一方トルコは、ロシアと協議を重ねた上で、ついにユーフラテス川の東側地域のクルド勢力にくさびを打ち込む「平和の泉」作戦に出ました。二〇一九年一〇月九日、トルコ軍はシリア領内に軍を展開し、国境地帯からYPGを排除する軍事作戦を開始しました。

これがシリアに対するトルコの侵略と捉えられて、ヨーロッパとアメリカから激しいトルコ・バッシングを引き起こしたのです。

「トルコのシリアでの戦争は招かれざるもの」

（フォーリン・ポリシー〈アメリカ〉、二〇一九年一〇月一三日）

トルコのシリアへの侵攻が「イスラーム国」を蘇らせる懸念を伝えたものですが、強い非難は、アメリカから出ていました。米軍がクルドのYPGを支援して「イスラーム国」を掃討してきたのに、ここでトルコがYPGを攻撃しては、それが失敗するというものです。

「トルコ―シリア攻撃：クルドはシリア軍と交渉へ」

（BBC、二〇一九年一〇月一四日）

BBCは、トルコ軍の侵攻に対して、YPGはシリア政府軍に支援を求め、政府軍が同地域に投入されることになったと伝えています。この記事では対「イスラーム国」の戦いで欧米に協調してきたYPGがトルコの攻撃で窮地に立たされていること、トルコ軍が入った地域の刑務所から「イスラーム国」戦闘員八〇〇人が脱走したことに言及しています。

「平和の泉」作戦には二つの目的がありました。第一の目的は、シリア側の北部で自治を拡大していた政治組織のＰＹＤ（民主統一党）とその軍事組織であるＹＰＧを排除すること。第二の目的は、現状でも約三六〇万人ものシリア難民をかかえているトルコは、その一部でもシリア側に戻したい。そのために難民がシリア政府軍から攻撃されることのない安全地帯をつくりたいということでした。しかしこの構想には、クルド勢力はもちろん、アサド政権とその後ろ盾のロシアも同意しておらず、ＥＵ諸国も同意していませんので、実現は困難です。

トルコが言う安全地帯をつくったとしても「シリア空軍が上空を飛ばない」ことをどうやって保証するのかが最大の課題となりました。そのためには、シリア政権軍のバックにいるロシア軍あるいはロシア政府との合意が欠かせません。トルコは、ＮＡＴＯ加盟国でアメリカの同盟国ですが、自国の安全保障のため、ついにアメリカとの関係を冷却させる決断をします。

アメリカの裏切り

アメリカは対「イスラーム国」作戦のためにＹＰＧを支援していました。ＹＰＧの動きについてはよくわからない部分があって、シリア政府とも持ちつ持たれつの関係にあり、ロシア軍の支援を受けていたこともあります。その後、米軍の支援も受けるようになるなど、手を組む相手を常に変えてきました。

トランプ大統領は基本的にビジネスマンですから、武器が売れるなら取引するけれども、これまでのようにアメリカが「世界の警察官」の役割を果たすことには関心を持っていません。YPGは、再度ロシアに接近を図りましたが、ロシアはトルコと協議を開始していて、思うような返事を得られませんでした。

「平和の泉」作戦をトルコから通告されたトランプ大統領は、二〇一九年の一〇月六日、シリアからの米軍撤退を明らかにしました。「中東に八兆ドルもつぎ込み、多くの兵士が犠牲となった。中東への介入は我が国の歴史上で下された最悪の決定だった」と言うのです。

「ロシアとトルコ　シリア北西部で防衛協力確認　首脳会談　米の反発必至」

（毎日新聞、二〇一九年八月二八日）

二〇一九年一〇月のシリア侵攻直前の段階では、この記事のように、トルコとロシアの接近にアメリカが反発するというのが世界のメディアの論調の主流をなしていました。これもいわば冷戦時代の世界観で見た構図です。しかし、トランプ大統領の「引き揚げ」発言が出ると、アメリカのメディアは一斉に「トランプ大統領のクルドへの裏切り」を非難するトーンに変わります。

「トルコが空爆開始、米の『裏切り』でクルドとロシア接近か」

（ロイター、二〇一九年一〇月一〇日）

ロシアは、YPGにシリア政府軍の指揮下に入れと指示します。アサド政権側も、生き残りたいのならシリアの国軍に編入されなければならないという姿勢を取ります。このあたりになると、シリア北部の情勢はカオスでした。

アメリカ国内では当時、トランプ大統領に対する弾劾の手続きが進められているところでした。二〇一六年の大統領選挙で勝利して以来、アメリカ国内にはトランプ大統領に対する批判が渦巻いています。

そんな彼がこういうことを言い出したわけで、今度はトランプ大統領に批判的なアメリカ国内の勢力は一斉に、「盟友・クルドを裏切ることになる、これはとんでもないことだ」と批判を展開します。それだけでなく、アメリカ国内には、米軍が撤退することで「イスラーム国」が息を吹き返すという反対論が、安全保障の専門家からも相次いで出されました。

「米軍からトランプのシリア政策に怒りの声：我々はクルドを裏切った」

（CNN、二〇一九年一〇月一五日）

「ドナルド・トランプのクルドに対する裏切りはアメリカの信頼を貶《おとし》める」

（ロイター、二〇一九年一〇月一七日）

しかし、トランプ大統領が裏切ったのは、シリアのクルド武装勢力であるYPGです。もし、YPGがクルド人を代表しているのなら、「クルドに対する裏切り」になります。戦時下にあるシリアでは、武装組織YPGとその政治組織であるPYDが、アメリカの支援で力を持っていたのは事実ですが、クルド人の自由な意思表明によってこれらの勢力が選ばれていたわけではありません。

けれども、アメリカの国内世論も、ヨーロッパ諸国の世論も、その点にはまったく注意を払わなかったのです。付け加えれば、アメリカ国内では、このYPGが、もともと急進的な共産主義勢力であることもまったく知られていません。

「CIAはPYDがPKKのシリア支部であることを公式に認定」

（デイリー・サバーハ〈トルコ〉、二〇一八年一月二七日）

先に述べたように、PYD（民主統一党）はYPG（人民防衛隊）の政治部門で両者は一体です。このPYDがPKKのシリア支部であることを、CIAが外国におけるテロ組織一覧に載せているではないかというトルコ紙の指摘です。記事では、YPGを支援することが、合衆国法典第一八編第二三三九B条に規定されている「指定された外国のテロ組織に対する物的支援又は資源の提供」の禁止に違反すると指摘しています。

その後、ＣＩＡは「The World Factbook シリア」のテロリズムの項目でこの部分を削除したようです。現在もＰＫＫはテロ組織となっていますが、シリアでは北部や東部で活動しているという記述だけが残されています。その地域で活動しているのは、ＹＰＧとＰＹＤですので、トルコ紙の指摘はアメリカ政府にとって大変不都合なものだったはずです。アメリカやヨーロッパのメディアは、この点について完全に沈黙してきました。

当時、シリアのクルド武装勢力は、シリア民主軍（ＳＤＦ）を名乗るようになっていました。「クルド」を強調することでトルコの反発を招くことを知っていたアメリカ政府が、クルド人の組織ではないように見せかけるために名乗らせたものです。

リンゼイ・グラハム上院議員のように、トランプ大統領を支持してきた共和党の有力議員からもクルドへの裏切りを批判する声が出てきます。

「共和党はトランプのシリア撤退を酷評：『大惨事』、『裏切り』、『過ち』」

（nbs News〈アメリカ〉、二〇一九年一〇月八日）

記事の中には、リンゼイ・グラハム上院議員が、トランプ大統領がシリアから軍を撤退させる方針であることを強く批判して、「イスラーム国」を復活させる大惨事を招くと発言したことに言及しています。

グラハム上院議員の本音、トランプ大統領の果たし状

ところが、このリンゼイ・グラハム上院議員。トルコ軍のシリア侵攻が始まってすぐに、とんでもないところで名前が出てきます。

「リンゼイ・グラハム上院議員、ロシア人からいたずら電話」

（CNN、二〇一九年一〇月一一日）

「米上院議員リンゼイ・グラハム、ロシア人の悪戯屋《いたずらや》に騙《だま》される」

（nbc NEWS　二〇一九年一〇月一〇日）

ロシアのコメディアン二人が、グラハム上院議員に電話をして、「自分はトルコの国防大臣、フルシ・アカルである」と名乗りました。そして「YPG、クルド人民防衛隊はテロ組織だ」という話題を向けたところ、グラハム上院議員が「YPGはトルコにとって脅威であり、我々はトルコに同情している、YPGを信頼するというとんでもない間違いをしでかしたのはオバマだと私も大統領に言っていたのだ」と言ってしまいました。

この会話は録音されていて、その後CNNにもロイターにも暴露されました。グラハム上院議員は「YPGを裏切るとは許せない」と言っておきながら、その裏では「とんでもない奴《やつ》ら

だ」と発言していたのです。この問題の闇の深さを物語るものです。

このコメディアンたちは、ロシア政府の差し金でこの偽電話をかけ、その録音をアメリカのメディアに売ったのでしょう。もちろんロシア政府は何もコメントしませんでしたが、暴露された事実は笑いごとではありませんでした。

しかし、その後、この発言を追及する報道は、アメリカ国内にも、ヨーロッパにもありませんでした。ここにもシリアをめぐるプロパガンダ戦の一端が表れています。

一〇月九日にトルコがシリアへの作戦行動を開始して以来、トランプ大統領の言うことは二転三転します。一度は引き揚げると言ったのですが、「我々はクルドを見捨てない」とも言い出します。そのとき、トランプ大統領はトルコのエルドアン大統領に対して一通の書簡を出します。

その内容は非礼なものでした。"Don't be a tough guy. Don't be a fool!"「お前、強がるなよ、馬鹿なことをするなよ」と、およそ他国の大統領に対する言葉遣いではなかったことから大スキャンダルになり、日本でも報道されました。

「トランプ氏『バカなことをするな!』トルコに異例の親書」

（日本経済新聞、二〇一九年一〇月一七日）

THE WHITE HOUSE

WASHINGTON

October 9, 2019

His Excellency
Recep Tayyip Erdogan
President of the Republic of Turkey
Ankara

Dear Mr. President:

Let's work out a good deal! You don't want to be responsible for slaughtering thousands of people, and I don't want to be responsible for destroying the Turkish economy—and I will. I've already given you a little sample with respect to Pastor Brunson.

I have worked hard to solve some of your problems. Don't let the world down. You can make a great deal. General Mazloum is willing to negotiate with you, and he is willing to make concessions that they would never have made in the past. I am confidentially enclosing a copy of his letter to me, just received.

History will look upon you favorably if you get this done the right and humane way. It will look upon you forever as the devil if good things don't happen. Don't be a tough guy. Don't be a fool!

I will call you later.

Sincerely,

（画像はThe Guardian、2019年10月19日掲載。下線は筆者）

しかし、世界の報道は、トランプという人物の非常識を嗤《わら》うだけで、あの手紙の何が問題だったかを完全に見過ごしていました。

「トランプ氏、トルコ大統領に『タフガイ』や『愚か者』になるなと警告」

〈ブルームバーグ〈アメリカ〉、二〇一九年一〇月一七日〉

この記事の中で、この大統領の書簡は大統領に近いFOXビジネスネットワークが先に報じ、その後、ホワイトハウスが確認したことが述べられています。そうだとすれば、ホワイトハウスは意図的にこの常軌を逸した書簡を公開したことになります。ふつう、国家元首宛の書簡など公開するはずはありません。一体、その意図は何だったのでしょうか?

この書簡には「〈YPGの〉マズルーム将軍はエルドアン大統領と交渉したがっている。彼の秘密の手紙を同封するから読んでくれ」というくだりがあります。

相手の無礼な言葉遣い以上にエルドアン大統領が激怒したのは、実はこの部分です。このマズルーム将軍は、先にも指摘した通り、フェルハト・アブディ・シャーヒンという本名を持つPKKの幹部で、現在YPGを率いるリーダーです。しかもトルコ政府はインターポール〈国際刑事警察機構〉を通じて彼を国際指名手配していたのですから、エルドアン大統領から見ると「自分にテロリストのリーダーと交渉しろと言うのか」ということになります。

アメリカの大統領が、公然と「テロとの戦い」でダブルスタンダードを使えとエルドアン大統領に迫ったのです。ところがその後、トランプ大統領の態度は一変します。一一月一三日に訪米したエルドアン大統領と会談しました。

「訪米のトルコ大統領に『大ファン』とトランプ氏、クルド問題には言及せず」

（AFP、二〇一九年一一月一四日）

エルドアン大統領は、訪米を機に問題の手紙を送り主に返却したと述べ、トランプ大統領は「我々は長年の友人だ」とエルドアンとの親密な関係をアピールしたとAFPは伝えています。後で詳しく書きますが、トランプの態度急変の背後には、「イスラーム国」のリーダー、バグダーディー殺害におけるトルコの協力があったと私は見ています。

フェイクニュースの波状攻撃

この軍事作戦については、トルコについてのフェイクニュースが溢れたのが注目されます。その一つは「トルコがシリアに侵攻すればクルド人の虐殺、大規模な迫害が起きる」というものでした。これは一大反トルコキャンペーンに発展しました。

「トルコによるシリアでの民族浄化は阻止されなければならない」

「トランプが支援するトルコのシリア計画は大混乱をもたらす」

（ワシントンポスト、二〇一九年一〇月一一日）

「ボストンのクルド人グループ集会、トルコの侵略は民族虐殺を招くことを恐れる」

（nbc NEWS　二〇一九年一〇月九日）

「トルコとシリアのクルド人との戦争は虐殺につながる」

（ボストングローブ〈アメリカ〉、二〇一九年一〇月九日）

「エルドアンのクルドに対する民族浄化が今起きようとしている」

（USA TODAY　二〇一九年一〇月一八日）

（インデペンデント、二〇一九年一〇月一五日）

フランスの雑誌「ル・ポアン」も二〇一九年一〇月九日に、「クルド人虐殺」を見出しに掲げ、エルドアン大統領を「クルド人を絶滅させる者」と評した記事を掲載しました。フランスのマクロン大統領も、トルコ軍の「平和の泉」作戦に際して、「耐えがたい人道状況が生じることへの懸念」を示したので、フランスのメディアは右派も左派も、トルコ軍のシリアへの展開がクルド人虐殺に結びつくという方向でまとまっていたのです。フランスはアメリカと共に、シリアのクルドに関してはＹＰＧを支持しています。

トルコ政府は、この記事に対して事実無根で名誉棄損に当たるとして「ル・ポアン」の編集長と記者をトルコ検察に刑事告訴しました（時事通信、二〇一九年一〇月二六日）。トルコ国内で訴訟を起こしても何もなりませんし、こういうことをすると、今度は、言論の自由を認めない国だという批判になって返ってきますが、トルコとしては黙っているわけにいかなかったのです。

現在、トルコ国内に住むクルド人は一〇〇〇万とも一五〇〇万とも言われています。もし隣国シリアのクルド人を虐殺するつもりならば、まず自国内のクルド人を虐殺するはずですが、そのようなことはまったく起きていません。それなのに、他国にいるクルド人を虐殺することはあり得ません。

それに、「イスラーム国」がシリアでクルド人の居住地域を奪い取ったとき、一四万人近いクルド人がトルコに難民として逃れていたのです。シリアのクルド人を虐殺するつもりなら、まず彼らを追放したはずですが、そのようなことも起きていません。

トルコ国内では、クルド人全体を敵とするような衝突や迫害は起きていないのです。確かめればすぐわかったはずです。テロ組織であるＰＫＫに対する山岳地帯での軍事作戦は行われていますが、都市部でトルコ軍とクルド住民の衝突などはまったく起きていませんでした。

香港《ホンコン》、イラクやイランでさえ、住民による抵抗運動やそれに対する弾圧が起きれば瞬時に世界に情報が共有される時代なのに、なぜ起きてもいないことがあるかのように伝えられたのでしょうか？

ＹＰＧやＰＫＫがトルコを牽制し自分たちの立場を守るためのプロパガンダとして、「自分たちがトルコ軍によって追い出された場合、クルド人の虐殺が起きる」という宣伝を展開しました。そして、世界中のメディアと国際世論の多くはこの宣伝を鵜呑《うの》みにしてしまったのです。

これでは、自分の「目と耳」で確かめてこなければいけない、裏付けを取らなくてはならない、というジャーナリズムとしての基本中の基本ができていないことになります。九〇年代からあった「トルコ政府によるクルド人迫害」言説が、あまりに濃厚に刷り込まれていたために、誰も検証しようとはしなかったのでしょう。メディアが流され、迎合してしまう典型的な例です。

一つ重要な点を指摘しておきたいと思います。二〇一六年三月にＥＵとトルコとの間で難民流出抑止の約束が交わされたことは前章に書きました。トルコもＥＵ加盟国も難民条約を締結していますので、難民はもちろん、難民との認定に至らなかった場合でも、「迫害の恐れがある国」へ送還することはできません。

ということは、ＥＵはトルコを迫害の恐れがない「安全な国」と認めていたことになります。難民申請をしている人には、多くのクルド人も含まれています。したがって、トルコのシリア侵攻について、欧米諸国が一斉にクルド人の虐殺が起きると非難したことは矛盾しています。トルコを安全な国と認めているからこそ難民の送還先にしていたのですから。日本では、その経緯も知られていませんから、今でも、在日クルド人についてジャーナリストが書くものは、ほとんど前提なしに、彼らが母国トルコで迫害されて日本に来た難民と書いています。

もう一つのフェイクニュースは、トルコ軍が入ってくることでクルド側が拘束している「イスラーム国」の戦闘員たちが逃げてしまうというものでした。日本のメディアでもその懸念が伝えられていました。

「ＩＳ戦闘員ら七〇〇人逃走か　活動再開の兆し　トルコ軍攻撃で監視が手薄に　シリア北部」

（毎日新聞、二〇一九年一〇月一六日）

「ＩＳが収容所から脱走！　懸念された再結集が現実になる？」

（ニューズウィーク日本版、二〇一九年一〇月一五日）

ところが、ここにもおかしな点があります。まず、ＹＰＧは、一つの民兵勢力なので、彼らには捕らえている「イスラーム国」の戦闘員を裁く権利はないということです。司法権は国家主権に属することですから、シリアで司法の権限を持つのはアサド政権です。敵対して死闘を演じた相手の刑務所に収監されているということは、犯罪者ではなく、捕虜になります。

重要な捕虜ならYPGが解放する理由はありませんし、トルコ政府はテロ組織と認定している「イスラーム国」の戦闘員を解放する理由もありません。実際には、トルコ軍が侵攻した地域には「イスラーム国」戦闘員を収容した施設は少なかったのですが、トルコ軍が到着する前にYPGが収容所を開けたことは事実で、彼らは姿を消してしまいました。重要な捕虜は別の収容所に移したようです。

トルコは「イスラーム国」を支持したのか？

トルコ側が強硬な策に出たのは、もう一つ理由があります。トルコは「イスラーム国」を支持してきたという話が世界中に流布されていたからです。トルコは、二〇一三年一〇月には、「イスラーム国」を名乗る前の「イラクとシリアのイスラーム国（ISIS）」をテロ組織として認定していました。しかし、どこまで強硬な策を採っていたかには疑問も残ります。全面的な戦闘になったのは二〇一五年になってからのことです。しかしその背景には、欧米のメディアがあまり報じなかった大きな事件があったのです。

「ＩＳＩＳがモスルの総領事館を襲撃、館員を拉致」

（ヒューリエット〈トルコ〉、二〇一四年六月一一日）

後に「イスラーム国」が占領することになるイラク北部のモスルにあったトルコの総領事館が、当時はまだＩＳＩＳと名乗っていた彼らに襲撃され、総領事以下四九人が拉致されたのです。彼らの解放のために、トルコ政府は国家情報機関（ＭＩＴ）による慎重な交渉を進めました。

「ＩＳＩＳによって拉致された総領事館員、全員解放される」

（ヒューリエット、二〇一四年九月二〇日）

そして一〇一日間の拘束後、総領事館員全員が解放されます。しかし、その経緯は明らかにされませんでした。自国の外交官を人質に取られている時に武力行使では、彼らの命を犠牲にすることはわかり切っていましたから、ＩＳＩＳと交渉したことは間違いありません。先に書いたように、ＰＫＫとさえ一時は交渉を進めたのですから、相手がどのような組織であっても、交渉を前提とするのがトルコのやり方です。しかし、二〇一五年一〇月一〇日、首都のアンカラで一〇〇人余りの死者、数百人もの負傷者を出すテロ事件が起きました。自爆テロ犯が「イスラーム国」のメンバーと特定されたため、トルコはこれ以降、国内外で「イスラーム国」のメンバーに対する摘発を強化していきます。

それでもなお、エルドアン大統領と「イスラーム国」は一体だという主張が、世界中に繰り返し流されました。アンカラのテロ事件でもクルド人が犠牲になり、国内のクルド系の政党はAKP政権を激しく非難しました。YPGは、世界の敵である「イスラーム国」と戦っているのに、そのクルド人を排除しようとするトルコがいかに悪いかを訴えるためです。

「トルコによるシリア侵略は、『イスラーム国』にとって思いがけない恵みだ　専門家の警告」（nbc NEWS　二〇一九年一〇月八日）

トルコの「イスラーム国」に対する姿勢が甘いという主張は、二〇一四年～一五年当時からずっと言われていました。トルコはシリアの反政府勢力を支援してきましたが、確かにその中には過激なスンニー派のサラフィー・ジハード主義組織もあります。アルカイダ系のヌスラ戦線（現在はタハリール・アル・シャーム機構）までは、トルコも活動を黙認していたようです。アルカイダはトルコでもテロ組織に指定されているのですが、ジハード組織に妥協的だという欧米諸国の批判には妥当性があります。

最初のうち、トルコ側は、スンニー派ジハード組織の中で、どこが相いれない存在なのか測りかねていました。非イスラーム世界の側から見ると、「イスラーム国」はとんでもない組織ですが、スンニー派ムスリムがほとんどを占めるトルコのような国から見ると、どれもスンニー派のジハード組織ですから、組織の間に線引きをして、テロ組織を選《え》り分けるのは困難でした。

当初の段階でヨーロッパ出身の「イスラーム国」戦闘員たちがこぞってトルコに入国し、トルコを経由してシリア側に密出国したことも厳しく批判されましたが、トルコ側の反論はこうです。

イギリスやオランダのパスポートを持っている人間を空港で阻止できるのか？　しかも、来るのは、犯罪歴もない一〇代の子どもたちで、「観光に行きます」と申告したのを止めることができるだろうか。「阻止すべきだった」と言うのであれば、そもそも、「なぜ出国させたのか？」というのがトルコの言い分でした。

トルコは、統治に危険を与えない限り、どのような組織もいきなり弾圧しません。これはオスマン帝国以来の伝統ですが、異質な集団が絶えず行き来する国で、いちいち「お前は何者か？」と問い質すことをしなかったからです。しかし、二〇一五年以降、「イスラーム国」によるテロがトルコ国内で起きてくると、完全にテロ組織として捜査が強化され、メンバーや同調者を相次いで逮捕するようになります。

リアルポリティクスの主役はロシア

ロシアはシリア問題に関して、ロシア、イラン、トルコ、この三国を「保障国」として内戦終結に導くという方針を採っています。これが「アスタナ・プロセス」と呼ばれるものです。この和平交渉は二〇一七年、最初にカザフスタンのアスタナで開かれ、その後、ロシアのソチ、二〇一九年はトルコのアンカラでも行われました。

結局、国連にはシリア内戦の解決ができないので、この会議で、ロシア、イラン、トルコ三国が、ギャランター・ステイト（保障国）、つまり、利害当事者としてシリア内戦を終結させる道筋を宣言したわけです。

この、「保障国」という言葉、聞きなれないものですが、キプロスが一九六〇年に独立するときに使われました。今もくすぶっているのですが、この島ではトルコ系の住民とギリシャ系の住民との間に激しい対立があり、衝突を抑止するために、利害関係のある旧宗主国のイギリス、トルコ、ギリシャの三国が「保障国」となるという取り決めをしたのです（一九五九年のチューリッヒ・ロンドン協定）。おそらく、トルコが、そのアイデアをシリアにも適用しようとしたものと思われます。

アメリカとクルド勢力は、このプロセスから排除されています。その理由は次のようなものです。このアスタナ・プロセスでは、シリア国内のYPGについては「アダナ合意」を踏襲するという合意があります。「アダナ合意」とは、一九九八年一〇月にトルコ政府とシリア政府の間に交わされたもので、当時シリア国内にいたPKKの首領アブドゥッラー・オジャランを国外に追放する、今後シリアはPKKをテロ組織と認定し、国内でのPKKの活動を認めないという内容です。実は、今と同じことが二〇年前にも起きていたのです。

当時、PKKはトルコ国内で戦闘やテロを繰り返していましたが、シリアのアサド政権と話をつけて、シリア側に訓練キャンプを設けてそこからトルコに出撃していました。隣国に拠点を置かれたのではトルコも迂闊に手を出せません。業を煮やしたトルコは、九八年になると軍をシリア国境に展開し、一触即発の事態となりました。そこで、イランとエジプトがシリアを説得し、この合意を交わしたのです。

「ロシア：トルコとシリアは「アダナ合意」に基づいて協力しなければならない―ノーボスチ通信」（ロイター、二〇一九年一〇月一六日）

これは、ロイター通信の記事がロシアのノーボスチ通信の記事を引用する形で、ロシアが「アダナ合意」を支持していることを伝えたものです。

「イランはシリアのクルド、ダマスカス（シリア政府）とトルコに和平のオファーをする」

（Pars Today〈イラン〉、二〇一九年一〇月一三日）

こちらはイランの通信社による記事で、イランのザリフ外相が、三者を仲介するというものです。その中でも、「アダナ合意、それは今でも生きており、安全保障のためのより良い道筋だ」と述べています。

「アダナ合意」を踏襲するということは、ロシアとイランが、シリアのYPGをPKKと同じテロ組織であることを認め、アサド政権はその活動を認めないという意味になります。これをロシアとイランがどこまで守る気があるか、またシリアのアサド政権がどこまで守る気があるのかは、正直なところわかりません。

バグダーディー殺害の闇

「トランプは『イスラーム国』のリーダー、アブ・バクル・バグダーディーは吹き飛ばされたと発表」

（ワシントンポスト、二〇一九年一〇月三一日）

「ペンタゴンは『イスラーム国』リーダー急襲のビデオを公開」

（ドイチェヴェレ、二〇一九年一〇月三一日）

「イスラーム国」のリーダー、自称カリフのバグダーディーは二〇一九年一〇月二六日に米軍によって、シリア北西部のイドリブ県で殺害されました。彼が殺害されたのは、トルコによるYPG掃討作戦の最中でした。世界のメディアは、トルコのシリア侵攻とはまったく別の話題として報じましたが、実は密接な関係があったと私は推測しています。

バグダーディーは、なぜ、ちょうどトルコ軍のシリア侵攻が起きたタイミングで殺害されたのか。この問題について、自分の手柄だと主張しているのはトランプ大統領とクルドのYPGでした。

「アブ・バクル・バグダーディー：『イスラーム国』リーダーの下着はDNAテストのために盗まれた」

（BBC、二〇一九年一〇月二九日）

YPG主導のシリア民主軍幹部によると、自分たちに近い人物がバグダーディーの居場所を調べ、彼の下着を盗み出してDNA鑑定をさせて、彼の生体認証データを得ていたという記事です。しかし、トランプ大統領は、YPGが有益な情報を提供したことを評価したものの、彼らはバグダーディー殺害の軍事作戦にはまったく加わっていなかったと否定的な発言をしたことも伝えています。

事件直後ロシアとトルコはこのことについて沈黙していました。ところがバグダーディー殺害を報告する記者会見でトランプ大統領は興奮して、つい余計なことを口にしました。

イスラーム国でカリフを名乗ったバグダーディー。
写真提供／Uniphoto Press

「ロシアありがとう、トルコありがとう、シリアありがとう、イラクありがとう」

ロシアには「彼らはエアスペース（制空域）をあけてくれた」ことに感謝しました。この作戦では、八機のヘリコプターと二機のドローンが使われたのですが、伝えられるところでは、北イラクのクルド地域にある米軍基地から一〇〇〇km以上にわたってシリア上空をヘリコプターが飛んでいったというのです。

そして、シリアの西の端にあるイドリブで米軍は彼を殺害します。シリアの上空はロシアが監視しています。低空で飛んでいる軍用機やドローンが発見されたら、シリア軍も対空砲を浴びせる可能性があったはずです。しかし、米軍のヘリを攻撃しなかったということは事前に領空通過を承知していたことになります。ロシアやシリアにしてみれば、これは公にしてほしくない話です。いわば、自分のテリトリーで米軍に作戦行動をさせているわけですから。

トランプ大統領が会見した翌日、ロシアのショイグ国防相は「我が国は一切関知しない」とひと言、発言しただけでした。ロシアのメディアも沈黙します。

トルコからも「情報を共有した。作戦をコーディネートした」と、国防省からひと言コメントが出ただけでした。では、コーディネーションの中身は何だったのか、どんな情報を共有したのか。トルコの報道番組は、いろいろ議論していましたが、一切、公式の情報は出ませんでした。

トルコ軍の支配地域でバグダーディーを殺害するには、トルコの情報部との情報共有が必要でした。これに関連して思い出すのは、武装勢力に拘束されていたジャーナリストの安田純平氏が解放されたのもイドリブ県だったことです。安田氏を捕まえていた組織は、トルコのあるNGOによれば、アルカイダ以上、「イスラーム国」未満の過激な組織で、なかなか解放交渉に応じなかったそうです。

トルコ側がすでに明らかにしているところによると、最終的に安田氏の身柄を確保したのはトルコの国家情報機関（MİT）でした。イドリブはシリア内戦最後の反政府側、特にスンニー派ジハード組織が集中している地域です。反政府側を支援するトルコは、イドリブ陥落を避けるため、ロシア、イランとの三国間で停戦を成立させました。

トルコの影響下に置かれているイドリブですから、トルコ軍と情報部はジハード組織の動きをかなりつかんでいました。彼らに勝手なことをされると、ロシアとの停戦合意が破綻する危険があるため注視していたのです。それで、安田氏を拘束している組織についての情報も持っていたのでしょう。彼が解放されたのは、二〇一八年一〇月下旬のことでしたが、当時、イドリブをめぐっては、シリア軍とロシア軍が総攻撃を準備していて、非常に難しい状況にありました。

MİTは、不測の事態に備えて過激な反政府勢力に人質の身柄を引き渡すよう要求したようです。

このような状況下のイドリブですから、MİTは、バグダーディーの潜伏場所を把握していたと考える方が自然です。報道によればバグダーディーは、過激な反政府グループのリーダーの客分となっていて、その家で殺害されたそうです。そうだとするなら、そのリーダーの動静をMİTが知らなかったとは考えにくいのです。

まるでスパイがいたとしか思えないと当時、アルジャジーラの解説者も言っていました。屋敷の状況を米軍は把握していましたし、潜伏していた住居の地下にトンネルを持っていたという話などは、正確な情報を知るスパイがいなければ絶対わからないことなのです。

バグダーディーの居場所に関する情報は、トルコ側がエルドアン大統領訪米の際にトランプ大統領への「土産」として提供したのではないかと私は思います。

先に紹介しましたが、エルドアン大統領宛に罵詈《ばり》雑言を書きつけたトランプ大統領の親書の中に「俺たちは、お前の国の経済など一発で壊してやる」という部分があります。これはトランプが当時何度もトルコに向けて発したセリフですが、書簡ではトルコがクルドを攻撃するなら「トルコの経済など破壊するのは簡単だ。その例は、すでにアンドリュー・ブランソンでサンプルを示したはずだ」と書いてあります。

アンドリュー・ブランソンとは、二〇一八年にトルコがスパイ容疑で裁判にかけた福音派のアメリカ人牧師です。二〇一六年にトルコで起きたクーデタ未遂事件に関与したとして身柄を拘束されていました。当時、アメリカは身柄の返還を求めて非常に激しくトルコを非難し、直接投資も引き揚げさせ、通貨のトルコリラが暴落してトルコは経済危機に陥りました。

私も不審に思っていたのですが、いくらトランプ大統領の重要な支持母体の福音派の牧師とはいえ、一国の経済を吹き飛ばしてやるとまで恫喝《どうかつ》して解放を求めるのは常軌を逸しています。

通貨危機が起きた後に、トルコの裁判所はアンドリュー・ブランソンを有罪としながら、短期の刑に処して釈放し、アメリカに帰国させたのです。その後、通貨の下落は止まり、トルコ経済は息を吹き返しました。

「トルコはアンドリュー・ブランソン牧師を解放、アメリカとの緊張緩和へ」

（ニューヨークタイムズ、二〇一八年一〇月一二日）

二年以上にわたって、スパイ容疑で拘束されてきたという事実関係を中心に書かれた記事ですが、トランプ大統領とペンス副大統領が、彼の解放に非常に気を遣っていたことを指摘しています。

トルコのチャウシュオウル外相によれば、アンドリュー・ブランソンは、CIAのエージェントで単なる牧師ではありませんでした。アメリカ政府が強く身柄の返還を求めたのはそのためだったと言います。アメリカのメディアは、もちろん、スパイであったかどうかには言及していません。この事件も、後を追う報道はなく、闇の中に消えてしまいます。

それが、突然、トランプ大統領からエルドアン大統領宛の親書で蘇ったのです。トランプ大統領は、なぜ「アンドリュー・ブランソンでサンプルを示した」と言ったのでしょう。察するに、シリアに侵攻してアメリカが支援するYPGを排除するなら、それなりの見返りが要るということだったのではないでしょうか。

「今回の交換条件は何なのか？」と聞いているように、私には思えたのです。「それがなければ、また経済を破壊するぞ」と脅しながら、実は、ＹＰＧの掃討作戦を認めるかわりに、それなりの見返りを出せという意味です。そうでなければ、アメリカのＹＰＧ支援をめぐってあれだけ対立していたのに、突然、エルドアン大統領に向かって「大ファンだ」と発言したトランプ大統領の豹変は説明がつきません。トランプ大統領がTwitter等を通じて発するメッセージには、ひどく粗暴なものが多いのですが、実はよく練り上げたメッセージをそれとなく込めている場合があります。

それから二週間ほど後にバグダーディーが殺害されたのです。後にチャウシュオウル外相自身が明らかにしましたが、バグダーディーの居場所に関する情報は、彼の関係者から漏れていたそうです。トルコ軍がその関係者の身柄を押さえましたが、イラク国籍だということで、トルコ政府はイラク政府に身柄を引き渡します。イラク側が取り調べたところ、バグダーディーの居場所がわかったというのです。

トルコ側は、国内に潜んでいる「イスラーム国」メンバーや同調者がテロ等で報復に出ることを懸念していましたから、このあたりの経緯を宣伝することは一切ありませんでした。

トルコ国防省が「情報を共有した。作戦をコーディネートした」と言ったのは、そういうことだったのでしょう。バグダーディー殺害後の記者会見で、トランプ大統領が一見関係のないイラクにも感謝した理由も、ここにあったのかもしれません。

もちろん、以上は私の見立てにすぎませんし、真相はいまだに闇の中です。しかし、こういう衝撃的な事件が起きた時には、声高に主張される「筋書き」を信じて良いのかどうか、立ち止まって考えることが必要だと思うのです。そうでないと、プロパガンダ戦に飲み込まれてしまいます。本来は、ジャーナリストが逐一検証し、異なる見解をぶつけ合って、そこから真相に近づいていくべきなのですが、近年、あまりに想像を絶する事態が次々に発生するので、それがひどく難しくなっています。

第五章　中東世界の独裁者たちとアルジャジーラのメディア戦

エジプト、二分されたクーデタの評価

民衆による独裁に対する抵抗運動は、エジプトにもいち早く波及して、二〇一一年になると三〇年以上独裁政権を維持してきたムバラク大統領を打倒する運動へとつながっていきます。二月、ムバラクはついに辞任し、その後エジプトで初めて自由な選挙が行われました。

その結果、二〇一二年六月三〇日に大統領に就任したのは、ムスリム同胞団のリーダーであったムハンマド・モルシーでした。

「指名されたエジプトの勝者、イスラーム主義者が歴史をつくる」

（ニューヨークタイムズ、二〇一二年六月二四日）

「ムハンマド・モルシーの勝利は中東の隣人たちを不安にする」

（ガーディアン、二〇一二年六月二五日）

「イスラーム主義者ムハンマド・モルシーはすべてのエジプト国民の大統領となると誓う」

（ル・モンド、二〇一二年六月二五日）

欧米諸国は、これらの論調を見ればわかる通り、当初、民主的な選挙の結果選ばれたモルシー政権には、イスラーム主義者であるがゆえに不安を抱きつつも認める姿勢を示していました。

しかし、ムスリム同胞団の政権が成立したことによって、エジプト軍部とイスラーム主義を嫌う市民たちがこぞってこのモルシーを何とかして引きずりおろそうと画策します。

結局モルシー政権は一年も維持できませんでした。経済的には何も成果を上げられなかったと、市民たちもモルシー批判に転じていきましたし、閣僚、政府の権力中枢にムスリム同胞団員が集中したことも理由とされています。

政権誕生後わずか半年で批判が噴出し、あっという間に、それを受けた形で国防大臣であったシーシーが二〇一三年七月三日にクーデタでモルシーを解任し、拘束してしまいます。同時にムスリム同胞団はテロ組織に指定され、彼らが政党としてつくっていた自由公正党も解党させられます。

エジプトについても、アルジャジーラはずっと報道を続けていました。民意が、軍の力で踏みにじられたことに対して、アルジャジーラとトルコのメディアは厳しい批判報道を繰り返します。

「モルシー大統領の政権、転覆させられる」（アルジャジーラ、二〇一三年七月四日）

「七月三日、革命に対するクーデタ」（イェニシャファク〈トルコ〉、二〇一三年七月三日）

「世界が沈黙した血塗られたクーデタから四年」（サバーハ〈トルコ〉、二〇一七年六月二六日）

最後の記事はクーデタから四年後のトルコの新聞ですが、「世界が沈黙した」というのは、それまで、世界の潮流がこのクーデタを軍による暴挙として認めてこなかったことに対する批判です。トルコのエルドアン大統領は、クーデタ発生直後に、ＥＵ諸国が、これをクーデタと規定しなかったことを強い口調で非難しています。

「エジプトで治安部隊が弾圧と殺害」（アルジャジーラ、二〇一三年八月一四日）

「カイロのラバア大量殺戮から一年」（同、二〇一四年八月一四日）

「エジプトはラバア広場の大量殺戮から五年」（同、二〇一八年八月一三日）

アルジャジーラは、クーデタ後、軍事政権に抵抗する市民を殺戮したラバア広場の惨劇について、毎年、詳細な記事をインターネット上に掲載し、テレビでも放送を続けています。この継続性というものは、時間が経つにつれてフェイド・アウトしていく欧米の報道との際立った違いとなっています。

シーシー政権は民衆の抵抗を「テロ」と断定します。シーシー大統領は、クーデタを「革命の第二幕」として世界に認めさせようとしましたが、市民の声を銃で押し潰した事実がアルジャジーラによって世界に報じられたことは、大きなダメージとなりました。

一方、欧米の報道は、徐々にシーシー政権が「政治的なイスラーム主義」勢力を抑えたことを肯定的に捉えるようになっていきます。アフガニスタン侵攻のところで書いたように、イスラーム主義勢力を武力で潰すことを肯定する空気が、欧米諸国を覆っていたことと無縁ではありません。

その後、エジプトはアルジャジーラの支局を閉鎖し、記者たちを裁判にかけることもなく拘束しました。記者は二〇二〇年八月現在、いまだに拘束されており、アルジャジーラを観ていると、毎日、必ず画面の下に、マフムード・フセイン記者が拘束されて何日目かというテロップを流しています。

軍がクーデタを起こして政権を奪取するというのは、言うまでもなく、民主主義の否定です。しかしながら、エジプト軍のクーデタに対して世界はそれだけ厳しく非難したかと言うならば、しませんでした。直後の欧米メディアの報道の見出しを見てみましょう。

「エジプトは革命の第二幕へ」（フィナンシャルタイムズ〈イギリス〉、二〇一三年七月一日）

「革命後のエジプト：外出禁止と血痕の残る日々」（ガーディアン、二〇一三年八月二三日）

「ムハンマド・モルシーはエジプトにおける二年間で二度目の革命により追放」（同、二〇一三年七月四日）

「エジプトで起きたことはクーデタそれとも革命か？　それは両方だ」

（ワシントンポスト、二〇一三年七月三日）

（ル・モンド、二〇一三年七月四日）

「エジプト、クーデタか革命か？」

大事件でしたので、世界中で無数の報道がありましたから、限界を承知の上で言えば、「二度目の革命」だと位置づけることによって軍の権力奪取に正当性を認めるものと、「クーデタか革命か？」と両論を併記しつつ、革命の第二ステージという方向で論じるものが欧米では主流を占めていました。

私は、クーデタについて、古い感覚を持っているのかもしれません。それは、突然、戦車が街を駆け巡り、議会は停止され、報道も規制され、市民の自由は著しく制約されるというものです。言論人や政治家が拘束され、軍事法廷で死刑が言い渡され処刑されてしまう。人びとは誰に聞かれているのかわからないから、政治の話をせず、黙々と働き、頭上の暗雲が去るのを耐え忍んで待つ。私のクーデタに対する感覚とはそんなものです。

シーシーによるクーデタで、どれだけの犠牲が出たか、軍部はどんな武器を使って民衆を狙い撃ちにしたかということを克明に報道したのはアルジャジーラだけでした。政府側は六〇〇人超の死者が出たと発表しましたが、ムスリム同胞団側は二六〇〇人以上が犠牲になったと主張しています。いずれにせよ大きな犠牲を伴うものでした。私にとっては、アルジャジーラの克明な報道があったからこそ、古い記憶の中にあるクーデタの情景が蘇ったのかもしれません。

シーシー政権側は、この一連のクーデタによる政権奪取を正当化するために、イスラーム主義のムスリム同胞団がいかに危険な思想であるか、かつ、テロ組織であるかという宣伝に努めました。しかし、長期のムバラク政権のもとでも救貧活動や医療活動をしてきたこの組織をいきなりテロ組織にしてしまうのは無理がありました。

シーシーがクーデタを起こしたときに、「朝日新聞」の紙上で、駐日エジプト大使と私の対論が掲載されました。会って話しているのではないのですが、対立する二つの意見を掲載するというものでした。エジプトのエルゼメイティー大使はクーデタであったことは認めていますが、それは「民主化のために必要」だったとしています。


「確かにこれはクーデターだったのだろう。だが、このクーデターは地上最悪のテロ組織に対するものだったのだ。（ムスリム）同胞団はアフガニスタンやほかの国のテロ組織と明確に連携している。軍は権力を握らず、エジプトを守ったのだ」

（朝日新聞、耕論「エジプト、クーデターの是非」、二〇一三年七月三一日）


私の方は、それでは市民による革命の名を騙《かた》って軍が実際には政権を奪取していたことを正当化しただけではないかと述べました。私の発言の趣旨は、自由選挙によって選ばれた以上、もしその政権を民衆が追い落とすならば、再び自由な選挙によってなされなければならないというものです。

軍が圧倒的な武力を行使して政権を奪取するならば、二度と民主主義は元へは戻らないし、独裁に戻ってしまうと言って強く反対しましたが、私のような意見はムスリム同胞団を支持するものとしてエジプトからは非難を受けます。9・11後にブッシュ元大統領が言い出した「テロとの戦い」のレトリックが、メディアにどこまで浸透したかという最後の局面の一つがこのエジプトのクーデタ報道に現れたと言って良いと思います。

中東・イスラーム世界の崩壊を報道し続けるアルジャジーラ

「テロとの戦い」という言葉によって一方的に主張される「正当性」が、どれだけ悲惨な事態をもたらしたかを詳細に報じたのは、アルジャジーラでした。特にイラク戦争のときはそれが顕著で、アメリカの「テロとの戦い」を現地で見たときに実際どうだったのかを報じました。戦争の現場が中東だったために、アルジャジーラはアラビア語での取材と報道が可能で、広い範囲をカバーできたからです。

その後、アルジャジーラは、「欧米vs.中東」「西欧vs.イスラーム」の問題だけでなく、中東・

イスラーム世界の内部崩壊を克明に報じるようになっていきます。実は、アジア、中東、アフリカをカバーしながら、ムスリム諸国の内部崩壊に焦点を当ててきたのは、アルジャジーラ以外にはありません。

新型コロナウイルスがニュースを席巻する少し前の、二〇一九年一二月二七日カタール時間午後三時のニュースを紹介しましょう。

トップニュースは、「シリア北西部のイドリブ県にアサド政権軍とロシア軍が猛攻撃をかけて二五万人もの難民がトルコ国境に殺到」したというもので、子どもたちの悲惨な姿を映しています。

次は内戦の続くリビアでの反政府勢力と政府側との戦闘についてのニュース。

その次は「イラクの反政府抗議運動」。日本では香港の抵抗運動への香港政府、香港警察の弾圧が注目されていましたが、イラクでは二〇一九年一一月から、経済危機に反発する市民による反政府運動で数百人の市民が治安部隊に殺されていたのです。

続いて「レバノンの反政府抗議運動」。これに至っては日本では、ほとんど報じられませんでしたが、この国も隣国シリアからの一〇〇万人を超える難民をかかえている上に政権の汚職等で経済がマヒし、貧困問題が深刻になっていました。ホームレスとなったレバノン市民を追っています。

さらにインドでは、ヒンドゥー優先の政策を採るモディ政権が、隣国から流入する移民や難民に市民権を与える政策を打ち出したことを伝えます。モディ政権が「ムスリムは不可」という条件をつけたことから、ムスリムだけでなく、インドは伝統的に国家として特定の宗教から中立であるべきだとする国民議会派等が猛反発した抗議運動についての内容です。

そして、アルジェリアです。ブーテフリカ大統領を引退に追い込んだ後も市民の抵抗が続くアルジェリアの状況を報じていました。

最後に、長期にわたってアルジャジーラが追い続けていた「イエメン内戦に和平の兆し」が出てきた反面、国連が警告していた人道危機が一層悪化しているというのがこの日のニュースの内容でした。この日の他の時間帯には、二〇一九年の自然災害の特集をした地球環境問題、フランスの交通スト、日本の中東への自衛隊派遣等が相次いで報じられています。

この日は取り上げていませんでしたが、取材対象は広く、香港問題、ウイグル問題、イギリスのEU離脱（ブレグジット）、そしてヨーロッパのムスリムに対する差別問題、パレスチナ問題、ミャンマーのロヒンギャ難民問題、アフガニスタンでタリバンが勢力を盛り返していること、アメリカはトランプ大統領に対する弾劾等、それこそ世界で、今、何が起きているのかを直接記者が現地からリポートしているのです。

日々、このような広範な世界の動きを伝えることには、もう一つ重要な意味があります。何年か後に、普段注目されない地域で世界的な大事件が起きたとします。そういうときに、なぜそんなことが起きたのか、過去と現在をつなぐニュース映像を、世界の多くのテレビ局は持っていません。

例えば、西アフリカのマリという国では、イスラーム過激派による暴力が続いていますが、検索すると二〇一二年ぐらいから多くのニュースや特集をYouTube上で探すことができるのです。日本のテレビ局には、そもそも独自のアーカイブ映像があることの方が稀です。事件が起きたときに、外国の通信社やテレビ局の映像を断片的に買っているからで、これでは事件の下地に何があったのかを理解することなど不可能と言って良いでしょう。

私は、一九九一年の湾岸戦争当時、イラクの隣国のトルコにいました。まだアルジャジーラはなくて、アメリカのCNNがライブで戦争を伝えていましたが、ニュースなのにドラマチックな演出をすることに違和感を抱きました。「オペレーション・デザート・ストーム（砂漠の嵐作戦）」を伝える際に、砂漠に戦車が並んで走っていく映像を毎回流して、戦争自体を劇場化しているという印象を強く持ったことを覚えています。一九九六年に開局したアルジャジーラは、欧米の報道に対する大きなカウンター・パワーとなりました。

私は、何度かカタールの首都ドーハにあるアルジャジーラを訪問したことがあります。中東諸国には言論の自由がある国はほとんどありませんが、この放送局では、自由に政治的な議論をすることができました。日本では、簡単に言論の自由が大事だと言いますが、中東諸国では、知らない人と政治の話などできません。言動次第で逮捕されたり、いきなり消されたりということさえ起きるからです。

アルジャジーラには、エジプトやパレスチナをはじめ、他の国で危うく逮捕を逃れた多くのジャーナリストが集まっています。そのため、彼らの報道姿勢というのは、基本的に弱い立場の人間に焦点を当てています。もちろんそのために、エジプトやサウジアラビアから見ると、危険な「テロ組織」のメンバーが集まっている放送局と非難されるのですが。

議論するときも、いろいろな立場、例えばロンドン駐在が長くヨーロッパの事情に詳しい記者がいたり、アメリカ通の記者がいたり、中東各地で権力と戦ってきた活動家のジャーナリストがいたりと、多角的で深い議論ができるのです。これは実際に行ってみてよくわかったことでした。

さらに専門家として外部からコメントする人についても、NGOの職員、国連職員、そして世界中のアカデミアにいる研究者たちをSkypeで結んだり、スタジオに招いたりして、何か事件が起きると、即座に世界中のネットワークを使って報道していきます。

ニュース番組と討論番組、それにドキュメンタリーしか放送しませんので、社屋も、日本のテレビ局のように大きくありません。通信インフラと、スタジオをいくつか持っているだけです。そのかわり人材、取材、編集にはふんだんに金をかけています。

なぜカタールはこのような放送局を持ったのでしょうか？　カタールは中東地域最大の米軍基地を持っており、アメリカとの関係をきっちり押さえています。他方で、アメリカと敵対していたタリバンの在外代表部も置いています。二〇二〇年、アメリカとタリバンの間で停戦交渉が行われ一応の合意に達しましたが、その舞台もカタールの首都ドーハでした。タリバンが海外に代表部を置いているのはカタールだけですから、このことだけをとっても、カタールの外交姿勢がわかります。

このバランス感覚は小国の知恵としては非常にすぐれたものだと思います。周辺国の規模と関係を考えると、カタールのような小国が生き残る知恵なのです。石油と天然ガスという豊富な資源を持ち、資金力はありますが、軍備を拡張するのではなく、四方八方に情報網を持ち、それを生かしていくという独特の戦略なのです。

アサド政権の暴力を追及する

シリア内戦について、アルジャジーラは、アサド政権側の残忍な市民への攻撃の実態を暴いたことで知られています。アサド大統領が、今、起きているのはテロリストとの戦いであって、国民を傷つけることなどあり得ないと主張する一方、アルジャジーラは政府軍の爆撃によって市民が凄惨な状況に追い込まれていくことを克明に報じました。中でも、二〇一六年一二月に、ロシア軍の支援を得て猛攻撃の末に奪回された、アレッポの悲劇について多くの記事が残されています。

「アレッポのホワイト・ヘルメッツの一日」（アルジャジーラ、二〇一六年八月一五日）
「シリアの戦争：東アレッポでの状況の悪化」（同、二〇一六年一二月八日）
「アレッポ：市民は安全な通路を求めている」（同、二〇一六年一二月一三日）
「アレッポ：罪、憤怒《ふんぬ》、無関心」（同、二〇一六年一二月一七日）
「シリア政府、アレッポのすべてを奪回」（同、二〇一六年一二月二三日）

ここに挙げた最初の記事では、一二日間にわたって反政府側支配地域（その年の一二月にロシア軍とシリア政府軍の攻撃で陥落）のアレッポでのホワイト・ヘルメッツという民間援助団体に

2016年シリア、アレッポ。政府軍の空爆で怪我をした子供を救助するホワイト・ヘルメッツの隊員。写真提供／Anadolu Images

よる救援活動を取材した記録です。二〇一三年にボランティアが結成したホワイト・ヘルメッツは、アサド政権による攻撃でなすすべもない市民を助けるほぼ唯一の団体となりました。シリア全土で三〇〇〇人あまりが活動してきましたが、反政府側の拠点が次々と陥落する中で、最後のイドリブを拠点に、なお市民の救護のために働いています。

アレッポ出身のホワイト・ヘルメッツの一人は、この記事の中で語っています。「『イスラーム国』は私たちを不信仰者と言って攻撃し、アサド政権は私たちをテロリストだと言って攻撃する。だが、私たちはシリアを離れない」

救急隊が爆撃を受けた場所に向かって瓦礫《がれき》の中から住民を救出し、協力する病院の活動を支えました。アルジャジーラは、無残な遺体を前に悲嘆する人びとの姿を含めて克明に報じ続けています。

これに対して、アサド政権は、ホワイト・ヘルメッツという団体はテロ組織の一員だと主張し続けています。

「モスクワ：ホワイト・ヘルメッツのテロリストたちはイドリブにおいて有毒物質と共に新たな煽動を計画している」（シリア国営SANA通信、二〇二〇年二月三日）

これは、反政府側最後の拠点となったアレッポ県西部で、アルカイダ系のシャーム解放機構（以前はヌスラ戦線）の支援を受けたホワイト・ヘルメッツが、有毒物質（化学兵器）を使って新たな挑発を行おうとしているとロシア国防省が伝えたというシリア国営通信の記事です。

内戦の間、シリア政府とロシア政府は一貫して、アサド政権に抵抗する勢力をすべてテロ組織としてきました。ホワイト・ヘルメッツの活動も、テロ組織のアルカイダと同じだとすることによって、政権側の攻撃を正当化しようというものです。

ここで有毒物質に言及しているのは、それまで化学兵器を使用してきたのがアサド政権側だと非難する国際世論に対抗するためです。この報道の直後、化学兵器禁止機関（ＯＰＣＷ）は、国連に対して、二〇一七年四月にイドリブに対して行われたサリンを含む化学兵器による攻撃で八〇人以上もの犠牲者が出た戦争犯罪はアサド政権によるものだったという報告書を提出しました。アサド政権とロシアは、「テロリストの武器庫」を攻撃したのだが「化学兵器による攻撃は反政府勢力のテロ組織によって行われた」と主張しましたが、通りませんでした。

攻撃の直後に、国連安保理が緊急招集されました。その場でもロシアは、アサド政権の主張を基に、攻撃が反政府側によると主張しましたが、他の諸国は信じませんでした。アルジャジーラは次のように矢継ぎ早に報じます。

「シリアでの毒ガス攻撃により少なくとも五八人死亡」

（アルジャジーラ、二〇一七年四月五日）

「シリアでの化学兵器による攻撃は世界の激しい怒りを引き起こした」

（同、二〇一七年四月五日）

第二報では、アルジャジーラは、七二人死亡（そのうち一一人が子ども）と伝えていますが、アサド政権の犯行とは断定していません。そして、ロシア政府は「シリア軍機が『テロリスト』が保有する毒物の貯蔵庫を攻撃した」という苦しい弁明をしていることを伝えています。ロシアの報道では「テロリスト」に対して攻撃をしたところ、期せずして毒物が漏れて被害が出たというのです。

「シリア、ガス攻撃：『私たちは床の上すべてに死体を見た』」

「シリア軍がハーン・シェイフーンでのガス攻撃の背後にいた：国連精査」

（アルジャジーラ、二〇一七年四月二五日）

フランスやドイツも、二〇一七年四月の攻撃の責任が全面的にアサド政権にあると断定しました。このときは、トランプ政権のアメリカが即座に反撃してシリア空軍の基地を巡航ミサイルで攻撃しました。二〇二〇年四月、OPCWは国連に報告書を提出し、一七年のサリンや塩素ガスによる攻撃がアサド政権によるものだったことを明らかにしました。

「シリア空軍が、二〇一七年に化学兵器を使ったと国際監視機関が報告」

（国連ニュース、二〇二〇年四月八日）

「報告書は二〇一七年の化学兵器攻撃の責任がシリア政府にあると認めた」

（CNN、二〇二〇年四月八日）

「シリアのイドリブでの化学的事案は『企図された』もので真の調査を必要とする─モスクワ」

（ロシア・トゥデイ、二〇一七年一〇月一四日）

最後の記事は、アメリカの攻撃から半年後にロシアのメディアに載った記事です。ロシアは、この間、一貫してシリアのアサド政権による攻撃が市民を対象にしたものではないという主張を繰り返し、アメリカによる反撃が事前に計画された陰謀だったと言い続けました。

一度、「嘘《うそ》」をついたら徹底して嘘をつき続ける――これは、何もロシアに限らず、冷戦後、世界秩序の崩壊の中で発生した紛争においては、必ず見られることです。六六〇万人もの難民と五〇〇万人以上の国内避難民を生み出したにもかかわらず、アサド政権は、これは「テロとの戦いだ」と言い張ってきました。

アサド大統領の巧妙なメディア戦略

内戦が始まって数年間、アサド政権は劣勢でした。イランとロシアは側面から支援していましたが、反政府側は第二の都市アレッポやハマを制圧し、首都ダマスカスの周辺も抑えていました。

二〇一四年に、前代未聞の過激な集団である「イスラーム国」がシリア国内に支配を広げたのは、アサド政権にとって自らの立場を正当化するための千載一遇のチャンスでした。アメリカやEU諸国やロシア、そればかりかイスラーム圏の国々も、「イスラーム国」をテロ組織とみなす点においては完全に一致していました。

その「イスラーム国」と戦うアサド政権の姿をアピールしたのです。「イスラーム国」との

シリア政府軍統治下の住民。アサド支持の集会。写真提供／Anadolu Images

戦いを訴えれば、反政府勢力とその支配下の住民に何をしても構わない。彼らもまた「イスラーム国」と同じテロ組織でありテロリストなのだから殲滅《せんめつ》しても咎《とが》められないだろうというのがアサド政権の隠された意図でした。

実は、アサド政権は基本的に「イスラーム国」と戦ってはいませんでした。「イスラーム国」掃討作戦の方は、自分が手を出さなくても、アメリカやアラブ諸国、中でもクルド武装勢力がやってくれることを知っていたからです。

こうしてアサド政権とロシア軍は、反政府側が支配していたアレッポをはじめ主要都市を猛攻撃し、多くの市民を犠牲にしながら奪還していきます。しかも「イスラーム国」はシリア東部のいくつかの油田を押さえていましたが、その石油を買っていたのはアサド政権だったと言われています。

当時、「イスラーム国」が占領して首都と宣言したラッカという都市があります。そのラッカを訪れたイスラーム法学者の中田考氏によると「イスラーム国」の支配下でも、公務員の給与はアサド政権の中央政府から支払われていたそうです（中田考『イスラーム国訪問記』現代政治経済研究社、二〇一九年、三九ページ）。

世界はアサド大統領の戦略に乗せられてしまいました。アサド政権だけでなく、日本のシリア専門家の多くもそうでした。彼らは、アサド政権が「イスラーム国」やヌスラ戦線等のテロ組織と戦っているのだと、政権を擁護したのです。アサド政権軍とロシア軍の攻撃によって、市民に未曽有の被害がもたらされたことについては、アサドを擁護する人だけでなく多くのメディアも批判を避けていました。

二〇一六年の年末にシリア第二の都市アレッポが陥落し、一七年にイドリブで化学兵器による攻撃が行われて、ようやく多くの国のメディアはアサド政権の戦争責任を問うようになったのです。

アサド政権とロシア軍によるアレッポ攻撃の非人道性は世界に広く知られましたが、アサド政権が「イスラーム国」の台頭を反政府勢力に対する苛烈な弾圧を正当化するチャンスと捉えて、メディア戦略を展開したことに、世界の主要なメディアは気づきませんでした。

「アサドによる戦略的な『イスラーム国』の利用が彼にシリアでの勝利をもたらした」

（アルジャジーラ、二〇一八年一〇月一八日）

この記事は、「イスラーム国」やアルカイダ系のシャーム解放機構のようなテロ組織との戦いをアピールすることで、効果的に反政府勢力のすべてを追い詰めることに成功したアサド政権の戦略を指摘しています。

アサド政権が優勢に転じたころ、アサド大統領はＢＢＣや日本のＴＢＳ等、外国メディアとの単独会見を盛んに行うようになります。そのいくつかを私も見ましたが、会見内容を編集しないことを条件にされた上に、内戦はすべて「テロとの戦い」であり、政権が自国民を殺戮するはずがないではないかという一方的プロパガンダに終始していました。英語で読むことができる例を挙げておきます。

- 二〇一九年一一月二八日、フランスの雑誌「Paris Match」との単独インタビュー
- 二〇一九年一二月九日、イタリアのRai Newsとの単独インタビュー

（いずれも、シリア国営ＳＡＮＡ通信配信）

アルジャジーラは、Raiとの会見内容を即座に報道しています。

「シリアの大統領：OPCW（化学兵器禁止機関）による二〇一三年八月二一日のダマスカス近郊での化学兵器使用に関する報告はフェイクだとRai Newsとのインタビューで語る」

（アルジャジーラ、二〇一九年一二月九日）

アサド政権は、二〇一三年夏の化学兵器による攻撃という戦争犯罪の責任を認めることはありませんでしたが、アメリカとロシアの交渉で、シリア政府はOPCWの査察を受け入れ、化学兵器の全廃を約束していたのです。その一方で、その年の九月にアサド大統領がフランス紙の「フィガロ」に語った記事を転載したロイターはこう報じています。

「シリア大統領『仏軍事介入なら悪影響、政権の化学兵器使用ない』」

（ロイター、二〇一三年九月三日）

アサド大統領は、「政府軍が首都の近くで危険な化学兵器など使うはずがない。フランスが我が国に敵対するならフランスの国益に悪影響が及ぶ」と脅したというのです。見上げたものです。

日本の新聞にもアサド政権の招きでシリアに入った記者がいます。彼らが、政権の意向に反した報道などできるはずはありません。たいていは当たり障りのない記事で、シリアの大学生が戦時下でも日本語を勉強しているというような内容でした。テロ組織との困難な戦いの中で日本語を勉強しているのだから、日本も支援をしてほしいという政権側の意図が背後にあることは言うまでもありません。

だからこそ、こういう戦時報道には、フリーランスのジャーナリストの活動が必要なのです。もちろん、何が起きているのかを自分の目で確かめるだけでは十分ではありません。現地で取材したことを検証できるだけの語学力と、状況を判断するリテラシーは不可欠です。それがなければ、政権側であれ反政府側であれ、インタビューした相手の立場を刷り込まれてしまいます。

アルジャジーラが、空爆の最中に取材を続けて撮った現場の映像というものは、ごまかしようのないものでした。二〇二〇年一月、内戦最後の局面で、シリア北西部のイドリブがアサド政権軍とロシア軍の猛攻撃を受けて、多数の市民が逃げ惑う姿もアルジャジーラが追い続けています。新型コロナウイルスの感染拡大が続く中、トルコ国境で劣悪な環境のもとで生きるイドリブ市民への感染拡大の危険を訴えたメディアは、アルジャジーラ以外にはほとんどありません。アルジャジーラが、一貫して世界の vulnerable（傷つきやすい）な人びとの姿を世界に伝えてきたことは重要です。

世界はいかにしてジャーナリスト殺害事件を知ったか

二〇一八年一〇月にサウジアラビアのイメージダウンを招いた大きな事件が発生します。この国の政治・外交の中心にいるムハンマド・ビン・サルマン皇太子を批判してきたサウジアラビアのジャーナリスト、ジャマル・カショギ記者が、一〇月二日、トルコ人女性との結婚に必要な書類を得るためにイスタンブールにあるサウジアラビアの総領事館を訪れました。

しかし、彼は再び総領事館から出てくることはありませんでした。総領事館の前で待っていた婚約者の女性が、不安に怯《おび》えて訴え、トルコの捜査当局が動きます。外交特権のある総領事館ですので捜査は難航しましたが、トルコの警察と検察は監視カメラの映像等を基にサウジアラビア政府に総領事館への立ち入りを要求し、ついに捜索が実施されました。その結果は、あまりに猟奇的で衝撃的なものでした。カショギ記者は総領事館の中で殺害され、遺体は跡形もなく消えてしまったのです。

殺害されたジャーナリスト、カショギ氏。
写真提供／Uniphoto Press

彼が殺害されたところまではサウジアラビアも認めましたが、犯行の指示をしたのは誰なのか？　トルコ政府はこんな残忍な殺害命令を下すことができるのは、権力を握っているムハンマド皇太子本人しかあり得ないと確信していました。

その後、サウジアラビア政府は、殺人事件については認めて、一年後に、突然実行犯五人を死刑にします。

「カショギ氏殺害は『計画的』犯行、サウジ検察も認める」

（AFP、二〇一八年一〇月二五日）

「サウジ裁判所、カショギ氏殺害で五人に死刑判決　元側近は釈放」

（ロイター、二〇一九年一二月二三日）

「サウジ記者殺害　遺族に最大七八億円の補償、住居や給付金で」

（CNN、二〇一九年四月三日）

「ジャマル・カショギ氏殺害、うわべだけの裁判、大統領府アルトゥン局長が指摘」

（トルコ国営放送TRT日本語版、二〇一九年一二月三〇日）

サウジアラビアが五人を死刑にし、三人を禁固刑とした判決に対して、トルコ政府は、うわべだけの裁判により、殺害命令を出し、イスタンブールに処刑チームを送り込み、記者を殺害した者らは罪を問われなかったと厳しい見解を発表します。カショギ記者殺害事件は、国際刑事裁判所で裁くべきだとトルコ政府は主張しましたが、サウジアラビア政府も欧米諸国も無視します。

中東でサウジアラビアと激しく対立するイランの報道は、激しい批判を展開していました。

「サウジの反体制派学者が、カショギ氏殺害に関する真相を暴露」

（Pars Today、二〇一八年一〇月三〇日）

シーア派のイランは、スンニー派のサウジアラビアと激しく敵対していますから、国営の通信社は、レバノンに住むサウジアラビアの反体制派学者の見解を引用する形で、サウジアラビアのムハンマド皇太子が、同国の反体制派のカショギ記者への復讐を主張していたと書いています。同時に、アメリカのトランプ大統領も情報の隠蔽工作によりこの殺害事件に加担したとして非難します。また、イランのイルナー通信の記事を引いて、ムハンマド皇太子は自己満足のために、カショギ記者の首を切断し、その頭部をリヤドまで送るよう求めていたという猟奇的な面を強調しました。

「サウジ記者殺害、五人に死刑判決…カショギ氏の遺体いまだ見つからず」

（読売新聞、二〇一九年一二月二四日）

「サウジのカショギ記者殺害から一年　進まぬ真相究明」（毎日新聞、二〇一九年一〇月二日）

日本での報道は、多くが、この記事のタイトルに見られるように、ムハンマド皇太子が殺害を指示したとの疑いが持たれているが、サウジアラビア側は関与を否定しているというのが基本的内容です。事実関係については、日本でも詳細に報道され、すべての報道がムハンマド皇太子関与の疑惑に言及していますし、サウジアラビア当局が「一部情報機関員の暴走」との筋書きを崩さず幕引きを図ることに疑問を投げかけていました。事件について、トルコのエルドアン大統領の発言を引いて、サウジアラビア政府の最高レベルから殺害命令が出ていたことも言及されています。

事件を調査する国連のカラマール特別報告者も、サウジアラビア側が起訴内容を明らかにせず、容疑者を突然処刑してしまったことに「サウジ以外の責任は考えられない」と不信の目を向け、さらなる調査の必要性を訴えていました。

「カショギ氏殺害：国連特別報告者カラマール氏が報告書を提出、アグネス・カラマールはサウジによる捜査は誰がカショギ氏の殺害を命じたのかを調査せず」

（アルジャジーラ、二〇一九年六月二六日）

当事国であるトルコは盛んにこの非道を訴えました。自国の総領事館の中とはいえ、トルコの領土で殺人事件を起こしたのですから当然です。そしてトルコ当局は次々に詳しい情報を出していきます。

しかしながら、トルコのメディアだけではこの事件を世界が知ることにはならなかったはずです。というのは、トルコメディアにおける言語は大半がトルコ語です。私はそれをずっとフォローして、これは大変な事件だということに気がつきましたけれども、世界的に見るとトルコ語では広く伝わりようがありません。

ムハンマド皇太子を追い詰めたアルジャジーラ

これを英語で世界に伝えたのが、アルジャジーラでした。アルジャジーラはトルコ側で出されている情報を基にして、英語とアラビア語で非常に大きなキャンペーンを展開しました。放送だけでなくウェブサイト上のニュースとして、活字でも発信しています。事件の翌日二〇一八年一〇月三日には詳細な記事が出ています。

「サウジの記者、ジャマル・カショギ氏、総領事館訪問後に『行方不明』」

(アルジャジーラ、二〇一八年一〇月三日)

「サウジアラビア当局が、ジャマル・カショギ氏はイスタンブールの総領事館で殺害されたことを認める」

（同、二〇一八年一〇月二〇日）

「世界は、ジャマル・カショギ氏の殺害をサウジ当局が認めたことに反応」

（同、二〇一八年一〇月二一日）

フランス外相は厳しく非難、ドイツのメルケル首相はサウジアラビアの説明は受け入れ難い、国連のグテーレス事務総長はサウジアラビアの説明に国連は深く困惑している、アメリカのトランプ大統領はサウジアラビアの説明を受け入れるが殺人は受け入れ難い、サウジアラビアは偉大な同盟国であり同国に対して武器取引でのいかなる制裁も科すつもりはないなどと各国の反応を逐一紹介していきます。

「アメリカで正義を求める声、カショギ氏殺害から一年」

（アルジャジーラ、二〇一九年九月二七日）

「ジャマル・カショギ氏殺害事件での音声書き起こし」

（同、二〇一九年九月九日）

トルコの新聞が殺害状況の音声記録を公開し、殺害チームのメンバーが、遺体損壊のときに音楽を聴いていたというぞっとする内容は、これで世界に知れ渡ります。この報道で、トルコの情報機関が外国の公館を盗聴していたことが明らかになったのですが、そのような危険な内容を含めてトルコは暴露してしまいます。

「今こそ、カショギ氏事件の判決で行動を起こすとき、サウジ検察は人権を無視しており、国際的な捜査が必要だ」

（アルジャジーラ、二〇一九年一二月二七日）

「カショギ氏殺害、西欧の大国は間違ったメッセージを送っている」

（同、二〇二〇年二月二日）

エジプトでも自社の記者が理由もなく拘束されたままになっていることに猛烈な抗議を繰り返している放送局ですから、ジャーナリストを殺害したこの件について追及の手を緩めることはありませんでした。

当時は朝から晩まで、このカショギ記者殺害のニュースを繰り返したと言っても過言ではないくらい大々的な報道をしました。アルジャジーラの英語放送は世界のマスメディアがモニターしていますから、それで世界中に広まったのです。

もちろんそこにはアルジャジーラに出資しているカタールの政治的な意図も働いています。その前の年の二〇一七年にカタールは、サウジアラビア、UAE、バーレーン、エジプト等のアラブ諸国によって突然国交を断絶され、経済制裁を受けていたからです。

そこにこのカショギ記者暗殺事件が発生したわけです。アルジャジーラの大がかりな報道は、いわばサウジアラビアによる経済封鎖に対する報復という側面も否定できません。

さらに、アメリカではカショギ記者がコラムニストをしていた「ワシントンポスト」紙が、この事件の真相究明を訴え続けました。

「トルコはサウジのジャーナリスト、ジャマル・カショギ氏が『殺人チーム』によって殺されたと結論」

（ワシントンポスト、二〇一九年一〇月六日）

「CIAはサウジのムハンマド皇太子がジャマル・カショギ氏殺害を命じたと結論」

（同、二〇一九年一一月一六日）

「ジャマル・カショギ氏殺害から一年」

（同、二〇一九年九月二九日）

「我々は、いまだカショギ氏の殺害について答えを得ていない」

（同、二〇一九年一二月二三日）

ムハンマド皇太子は窮地に陥りました。

アルジャジーラの報道を受けて、サウジアラビアの後ろ盾でもあるアメリカでも、議会の中にはサウジアラビアに対して武器の禁輸措置を採るべきだという声が上がってきます。アメリカ国内のリベラル派も、ムハンマド皇太子の暴力性を目の当たりにして批判を集中させます。

この事件は、メディアが国際政治に一石を投じる上で大きな役割を果たしました。

しかし、トランプ大統領はムハンマド皇太子との関係を切りませんでした。サウジアラビアがイエメン内戦等で使ってきた主要な兵器はアメリカから調達してきたからです。アメリカにとってサウジアラビアは重要な武器取引の相手ですから、その関係をトランプ政権は重視したのです。

ムハンマド皇太子のメディア戦略

これに対するサウジアラビア側の反応はどうだったのでしょうか？　以下はいずれもサウジアラビアの「アラブニュース」が伝えた事件の記事です。

「イスラーム協力機構（ＯＩＣ）は、カショギ氏事件でのサウジの司法手続きを支持」

（アラブニュース、二〇一九年一二月二六日）

「中国はカショギ氏事件でのサウジアラビアの対応を支持」

（同、二〇一九年一二月二五日）

「カショギ氏の子息：判決は一家のサウジの司法手続きに対する信頼を確かめるもの」

（同、二〇一九年一二月二四日）

「一年後、ジャマル・カショギ氏に対する正義はいまだ行われていないが、政治化はピークに達している」

（同、二〇一九年一〇月二日）

最後の記事では、ムハンマド皇太子自身の主張を紹介していますが、自分は一切関係がない

2018年ワシントンでトランプ大統領と会談するムハンマド皇太子。
写真提供／Uniphoto Press

ことはもちろん、事件を「政治化」する悪意に満ちた勢力がいるという陰謀論を主張しています。陰謀の主人公は、イラン等のシーア派とトルコ、カタール、そしてアメリカ国内でもムハンマド皇太子とトランプ大統領の女婿ジャレード・クシュナーが親しいことに批判的な勢力によるものだと断定しています。

サウジアラビアは、この殺人事件自体は認めました。そしてムハンマド皇太子の側近たちや事件の実行犯である殺害チームの主だった面々を突然逮捕して次々に処刑してしまいます。裁判も司法手続きも一応あったことになってはいますが、透明性はゼロでした。

「そういう勝手な真似《まね》をした奴らは私が処刑した」と言うだけです。

サウジアラビアとしては、これで事態の収拾を図ろうとします。先ほど説明した通り、巨額の富を基にしてアメリカと武器取引をしているので、トランプ政権は批判しません。もちろん、アメリカの場合、反トランプ陣営の層は厚いですから、批判的なメディアは鋭く追及しました。

では日本はどうでしょう。事件そのものは大きく報じられました。サウジアラビアは、日本にとって最大の原油輸入先です。それに、「女性の解放」をアピールしてきたこともあって、日本では改革者としてのムハンマド皇太子のイメージが先行したために、彼がカショギ記者殺害の黒幕だろうと推測はしても、どうしてもメディアの矛先は、この国の独裁体制への批判には向かいませんでした。

ところで、気に入らないジャーナリストを他国で消してしまう国は、二〇年前に当時のブッシュ大統領が「テロとの戦いは文明と野蛮との戦いだ」と宣言したときの「文明」の側なのでしょうか。それとも「野蛮」の側なのでしょうか。

「野蛮」はアメリカにとって重要な取引先であれば見逃されるのでしょうか。つまり、「文明」か「野蛮」か、と言って世界を分断したブッシュ大統領の二分法は、今やまったく意味を失ってしまいました。

ムハンマド皇太子のメディア戦略は、女性の地位向上に取り組む若き皇太子の姿を強調してきました。サウジアラビアのイスラームは、超保守的でしたが、ムハンマド皇太子はそこを改革して、女性の運転に始まり、女性がサッカーを観戦することも認めるというような「改革路線」を進めて、開明的な君主のイメージを打ち出していました。そして欧米諸国のメディアはそれに乗せられてしまいました。これは日本のメディアも例外ではありません。

「サウジアラビアで女性の運転が解禁、抑圧の象徴に風穴」

（ロイター、二〇一八年六月二五日）

「サウジ、二四日に女性運転を解禁、活動家の拘束も」

（日本経済新聞、二〇一八年六月二四日）

「サウジ、女性が夫の許可なくても海外旅行可能に」

（同、二〇一九年八月二日）

「サウジ皇太子を支える若年層　改革路線で雇用や自由化の恩恵」

（SankeiBiz　二〇一九年一〇月二八日）

「サウジ、男女別入口撤廃　レストランで規則緩和」

（産経ニュース、二〇一九年一二月九日）

しかしBBCは、皇太子の改革に疑問を呈しています。

「サウジアラビア、傑出した人権活動家『獄中で死亡』」（BBC、二〇二〇年四月二四日）

ムハンマド皇太子の「改革・開放」路線の陰で、政権に脅威とされた活動家は闇に葬られていたようです。何人かの女性の人権活動家は、いまだに収監されたままです。

二〇一九年に、「アニメエキスポ二〇一九」がサウジアラビアの首都リヤドで開催されました。日本からも多数のメディアが取材に訪れ、サウジアラビア側でも大変な関心を集めました。この催しは、日本の新聞やテレビが報じました。

「サウジでアニメエキスポ？『進撃』だけじゃないファンの熱量」

（NHK、中東解体新書ウェブページ、二〇一九年一一月一五日）

「サウジで開催のアニメエキスポ、中東に日本のテイストを紹介」

（アラブニュース、二〇一九年一一月一六日）

日本のアニメは中東でも大きな関心を集めていますし、催しについては何の異論もありません。しかし、この催しで紹介されたアニメの中には、子どもたちに夢を与えてきた作品もあったはずです。

日本から取材に訪れたジャーナリストたちは、サウジアラビアが、二〇一八年に隣国イエメンへの空爆で、子どもたちの乗ったスクールバスを爆撃して四〇人もの子どもを殺したこと、その後、二〇一八年だけで約一〇〇〇人の子どもたちを殺害、もしくは負傷させたことを知っていたでしょうか。

「イエメン、スクールバスへの攻撃で数十人の民間人が殺害される」（アルジャジーラ、二〇一八年八月一〇日）

「ヒューマン・ライツ・ウォッチは、イエメンでのスクールバス爆撃の後、サウジに対して武器取引を終わらせるよう要求」（同、二〇一八年九月一日）

サウジアラビアとＵＡＥの連合軍による空爆で、少なくとも二九人の子どもたちが殺害されたと国際赤十字は厳しく非難しました。イエメン内戦での人道の危機はずっと続いているのです。

「イエメン紛争：人道の危機はいかに悪化しているか？」（ＢＢＣ、二〇一七年三月二八日）

「イエメンでのコレラ感染者は一〇〇万人に達した－国際赤十字」（同、二〇一七年一二月二一日）

「サウジが援助を停止する中で、イエメン人は死んでいく：国連」（アルジャジーラ、二〇一九年七月一九日）

「サウジアラビアによる空爆によって、八万五〇〇〇人の子どもたちが餓死」

2015年9月サウジアラビア主導のスンニー派諸国連合軍の空爆を受けるイエメンの放送局。写真提供/Uniphoto Press

(ワシントンポスト、二〇一八年一一月二一日)

「国連が戦禍のイエメンで子どもたちの惨状を警告」

(アルジャジーラ、二〇一九年一〇月二三日)

国連児童基金(UNICEF=ユニセフ)は、世界最悪の人道危機にあるイエメンで子どもたちが危険にさらされていることに対して、衝突を即刻停止するよう呼びかけました。

イエメン内戦では、二〇一五年から一八年までに約七五〇〇人の子どもたちが殺され、多くが飢餓やコレラ等の病気で苦しんでいました。ユニセフは幼い子どもたちに迫る人道危機を繰り返し訴えていたのです。

日本の主要なメディアの取材陣は、このアニメエキスポという催しが一種のプロパガンダであり、ムハンマド皇太子の戦略の一つだったことを自覚すべきでした。

タンカー攻撃の闇

ムハンマド皇太子に批判的だったジャーナリストのカショギ記者暗殺の二〇一八年から一九年にかけて、サウジアラビアはイランに対して強硬な姿勢を取っていました。イエメン、イラク、シリア等でイランはシーア派勢力圏をつくろうとしているので、スンニー派のサウジアラビアは警戒を強めていたのです。サウジアラビアのイランに対する敵対的な姿勢は、アメリカのトランプ政権と歩調を合わせるものでした。

その最中、二〇一九年の五月一二日のノルウェーのタンカー、六月一三日の日本のタンカーに対する攻撃が起きたのです。世界は即座にイランの関与を疑いました。

「米、タンカー攻撃『イランに責任』　イランは関与否定」

(日本経済新聞、二〇一九年六月一四日)

「タンカー攻撃　米に証拠提示要求　日本『イラン関与』同調せず」

(東京新聞、二〇一九年六月一六日)

サウジアラビアも当然、イランからの攻撃だと主張していたのですが、不思議なことに何カ月経っても何も証拠が出てきませんでした。

六月の日本の国華産業のタンカーへの攻撃の際は、安倍首相がイランを訪問中の出来事で、日本にも大変な衝撃を与えました。アメリカ政府は映像を出して、機雷を磁石で船体につけて爆発させたことを示し、イラン主犯説を立証しようとしていました。ところが日本政府は、イラン犯行説を積極的に主張しませんでした。その後、その話も途絶えてしまいます。

「タンカー攻撃で米、イラン真っ向対立　首相訪問中、政府は困惑」

（毎日新聞、二〇一九年六月一四日）

「ホルムズ海峡タンカー攻撃　事件一カ月　『イラン無関係』　革命防衛隊元幹部、テロ組織の関与示唆」

（同、二〇一九年七月一三日）

真相はわかりませんが、イランの犯行だと言うならば、イランに対する制裁強化をアメリカは即座に打ち出すべきでした。武力攻撃の脅しまでかけておきながら、結局は沙汰やみになったのです。

ムハンマド皇太子が最後の最後でイランとの正面衝突を避けたのか、サルマン国王がムハンマド皇太子にブレーキをかけたのかもしれません。イランと戦争になると、あまりにもダメージが大きくコストがかかりますから、ペルシャ湾を火の海にするのは避けようという判断をサウジアラビアがしたとも取れます。

サウジアラビアがイランに対して矛をおさめ、アメリカも振り上げた拳をそのままうやむやにした後、世界のジャーナリズムもまた、結局この件については曖昧なままにしてしまいました。

アメリカとイランの対立を緩和しようという意図で安倍首相がイランを訪れている最中の攻撃に、日本政府は立ち往生してしまったかのようです。日本政府の困惑は理解できますが、直接、被害を受けたにもかかわらず、日本のマスメディアも、この問題を深く追及しようとしませんでした。

ここに、近年のジャーナリズムの危機を感じます。ある勢力が重大な事件の責任があると非難してはみたものの、証拠も真相もうやむやになるということが繰り返されているからです。そういう曖昧さが放置され、検証報道もなされないと、人道の危機が発生しても見過ごしてしまうことになりかねません。

ソレイマニ司令官暗殺

二〇二〇年一月にイラクのアメリカ大使館への暴徒の襲撃やアメリカの軍事施設に対する攻

撃があった後、一月三日、アメリカはイラン革命防衛隊の対外戦略を指揮するカセム・ソレイマニ司令官をイラクのバグダード近郊でドローンを使って殺害しました。

アメリカでも日本でも、市民のほとんどはソレイマニ司令官が何者なのか知りませんでした。殺害の直後から、彼はイランでもっとも慕われた軍人、清貧な軍人、敬虔《けいけん》なムスリムという好意的な評価で伝えられたことを覚えている方も多いと思います。次に紹介するのは、事件後のCNNの記事です。

「米軍の空爆で三日に殺害されたイラン革命防衛隊『コッズ部隊』のソレイマニ司令官は、イランでは勇敢でカリスマ性があり、兵士から愛される存在として英雄視される人物だった。イランの最高指導者ハメネイ師はかつて、ソレイマニ司令官を『革命の生きる殉教者』と評したことがある。しかし、米国からは冷酷な殺人者とみなされていた」

「国家安全保障の専門家、マーク・ハートリング退役米軍中将はCNNの取材に、『彼は生涯にわたり戦闘に従事していて、兵士から敬愛される存在だった。物静かでカリスマ的な男で、戦略面の天才であり、戦術の実行者でもあった』と指摘する」

（CNN　二〇二〇年一月四日）

このCNNの報道でも、「米国や有志連合の要員数百人の殺害、数千人の負傷に関与した」

というアメリカ国防総省の評価を加えているので、別にCNNがイラン寄りの報じ方をしたわけではありません。

しかし、アメリカが「テロリスト」と断じる相手のソレイマニ司令官に関する報道としては奇妙なものでした。

「イランのカッセム・ソレイマニとは誰か、そしてなぜ彼の死は重要な問題なのか?」

（nbc NEWS　二〇二〇年一月三日）

彼は、イランやイラクのシーア派にとっては確かに英雄でしたが、スンニー派から見れば虐殺者だったのです。ソレイマニ司令官こそ、隣国シリアではアサド政権軍の後ろ盾であり、レバノンでもイスラーム主義の強硬派であるヒズボラの後ろ盾で、さまざまな軍事作戦を率いていた司令官だったからです。

このNBCの記事をはじめ、アメリカやイギリスの報道では、彼が多くのアメリカ関係者を殺害した事件に関与していたということと、「イスラーム国」との戦いを指揮していたこと、さらにイランの最高指導者が彼を殉教者と称《たた》え、多くの市民が涙ながらに彼の死を悼んだことが書かれていますから、ずいぶん公平な評価と言えます。

しかし、よく考えると、この公平さにも奇妙な点があるのです。アメリカのメディアは、これまでアメリカにとってテロリストと決めた人物を殺害したときに、両論併記のような書き方はしないからです。アメリカのイスラーム報道が、急に公平を期すようになったのなら歓迎すべきことですが、どうもそうではないようです。

アメリカでも、トランプ政権に批判的な人びとは多いですし、主要なメディアもそうです。トランプの政策を批判するために、ソレイマニ司令官が英雄だったかのように描いたのかもしれません。日本のメディアがイランの報道に引きずられたとは思いませんが、いくつかのアメリカの報道とイランの報道を合わせてソレイマニ司令官英雄説ができ上がった可能性はあります。

ソレイマニ司令官は、イランの最高指導者ハメネイ師の直属の部下でした。イランには、イラン国軍とイラン革命防衛隊という二種類の軍隊組織があって、兵力でも装備でも勝るのは最高指導者の指揮命令系統にある革命防衛隊です。イランは革命防衛隊を使って、近隣国のシーア派勢力に肩入れしてきましたが、彼は対外戦略を担うクドゥス（CNNではコッズ）部隊を率いていました。

ソレイマニ司令官はシリア内戦で、スンニー派の武装集団から成る反政府勢力を潰したのですが、反政府勢力の支配地域にいる一般住民も区別することなく殺戮しました。だから、各国のスンニー派の人たちは、彼を極悪人の一人に数えていたのです。

ソレイマニ司令官率いる武装勢力は、同時に、過激なスンニー派武装集団を攻撃していました。「イスラーム国」やアルカイダとも戦ってきました。

つまり、アメリカとイランは、共通の敵と戦っていたのです。この点でイランが怒りをぶちまけたのも頷《うなず》けます。共に（スンニー派の）イスラーム過激派と戦ってきたのに、その立役者を殺害するとはなんたることだ、と言うのです。

アメリカとイランの違いは、イランがイスラエルを地域での最大の敵と位置づけ、ソレイマニ司令官が深く関係するレバノンのヒズボラを使ってイスラエルを狙っていたことです。

結局、ソレイマニ司令官の暗殺を大歓迎したのは、イスラエルとアメリカのトランプ支持派、それに「イスラーム国」やアルカイダのようなスンニー派イスラーム組織だったのです。

アメリカとイランの間に深い溝をつくり、スンニー派とシーア派の間にも深い溝をつくり、結果として、イスラエルやアメリカ、サウジアラビアやエジプト、「イスラーム国」やアルカイダはこの結果に満足する。かといって、サウジアラビアやエジプトが、同じスンニー派の「イスラーム国」やアルカイダと接近したわけではもちろんありません。共通の敵が殺されたというだけのことです。

この事件は、中東をひどく混乱させる結果を招きました。ソレイマニ司令官を殺害した場所がイラクであり、その後、イランが攻撃した米軍基地もイラクにあったからです。イラク政府は窮地に陥ります。もう、米軍は撤退してくれとイラクの首相が発言し、イラク議会も米軍撤退を決議すると、即座にトランプ大統領は、それなら莫大な駐留経費を払え、イラクの経済など木っ端みじんにしてやると恫喝しました。

「トランプはイラクに対して『見たこともない制裁を科してやる』と脅迫」

（CNBC〈アメリカ〉、二〇二〇年一月五日）

イラクで多数を占めるシーア派の市民は、ソレイマニ司令官暗殺とアメリカの恫喝の両方に激怒しました。イラクのスンニー派の市民は、うちにアメリカとイランの衝突を持ち込むな、と怒ります。

そしてイラク北部を支配するクルド人は、イラク戦争以来、アメリカを支持することで事実上の政府を持つことができたので、当然、米軍の撤退には反対です。ここでアメリカに見捨てられたら困るということです。

トランプ政権がソレイマニ司令官を殺害したことで、イランの隣国であるイラクの分断が一層深まっていきました。

「イラク人はトランプが制裁を科すと脅迫したことでアメリカの報復を恐れている」
（アルジャジーラ、二〇二〇年一月七日）

シーア派市民の声とスンニー派市民の声を現地から伝えたのはアルジャジーラでした。大国が実に勝手な思惑で行動することが、市民の間にどのような憎しみを生み出すのかを報じるメディアは、他にはありませんでした。

周辺の地域でも分断が生まれました。パレスチナのガザを率いてきたイスラーム主義組織のハマスはスンニー派の組織ですが、リーダーのハニヤ師が、ソレイマニ司令官の葬儀に参列して彼を殉教者と称えます。ソレイマニ司令官と革命防衛隊は、宗派の違いを超えてイスラエルに包囲されているガザの戦闘集団ハマスを支援していたのです。

しかし、一般のガザ市民はスンニー派で、シリアでのソレイマニ司令官の残忍さをよく知っていますから、ハマスの指導部のソレイマニ司令官礼賛には驚きと不満が広がりました。支援を受けていることは知っていたものの、隣国シリアで市民の虐殺に関わった人物を「殉教者」と呼ぶことには賛成できなかったのです。このことは、ガザの市民たちの間にも亀裂を生みました。これも、アルジャジーラは報じています。

事件の後、イランはアメリカ国防総省を丸ごとテロ組織に指定したと宣言しました。アメリカは以前からイランの革命防衛隊をテロ組織に指定していましたし、ソレイマニ司令官はテロリストのトップでした。

テロという言葉自体が、政治的にどうとでも使える恣意的な表現であることをアメリカとイランが自ら示す結果となりました。

アメリカやヨーロッパ、そして日本のメディアも翻弄されてしまいました。ソレイマニ司令官の英雄視もそうですが、トランプ大統領が結果的に「イスラーム国」を利するようなことをした点への批判もわずかでした。

イランvs.アメリカの対立がペルシャ湾の石油タンカーを危険にさらすという報道は日本では多かったのですが、重要な産油国であるイラクが破綻するかもしれないという点は見過ごされました。

日本のメディアに限って言えば、二〇一九年六月の日本のタンカーへの攻撃がソレイマニ司令官の命令によるものであったのではないかとなぜ疑わなかったのでしょう。

あのとき、私は日本の首相がイランを訪問しているときに、客人を背中から刺すようなことはさすがにしないだろうと思っていました。

しかし、今は見立てが違います。ロウハニ大統領とザリフ外相までは、日本がアメリカとイランの仲介をしようとしたことで安倍首相の訪問を受け入れましたが、最高指導者ハメネイ師は、アメリカとイランの間を取りもとうとした安倍首相に対して明らかに不快感を表していました。

そこで、ハメネイ師は、アメリカとの妥協の話を持ってきたロウハニ大統領のメンツを潰すために、日本船に、甚大でない程度の被害を与えることをソレイマニ司令官に命じたのかもしれません。

第六章　市民のメディアが持つ分断修復の可能性

武器としてのSNSの両義性

今もなお、政治的な困難に直面している国の人びとにとって、メディアがどのような役割を果たしているのかを考えておこうと思います。「アラブの春」と呼ばれた民主化運動ではSNSが大きな役割を果たしたということはよく知られています。

アラブの春は、その名の通り、アラブ圏で起きたので、書き言葉としてのアラビア語を読める地域では、Twitter や Facebook の記事を読むことができたのです。

アラビア語が通じる範囲というのは広い地域です。話し言葉には差がありますが、書き言葉はほぼ共通しています。イラク、クウェート、バーレーン、カタール、UAE、オマーン、イエメン、サウジアラビア、ヨルダン、シリア、パレスチナ、レバノン、エジプト、リビア、チュニジア、アルジェリア、モロッコ、モーリタニア、スーダン、ざっと見まわしても、これだけの国々で通信ネットワークさえあれば、SNSを読むことができたのですから、その影響力の大きさは計り知れません。

ところが、その後になってくると、権力側も抵抗運動を攪乱《かくらん》するためにSNSを使うようになっていきます。

初期には、SNSは市民側が、何が起きているか、どこでデモがある、どんなひどいことが行われたかということをシェアするための一つのツールとして、ある意味、武器として使われました。しかし、次第に匿名性が利用されて、市民側が発信しているのか、権力側が発信しているのかがわからなくなっていきます。

権力側は、攪乱するような情報をSNSで意図的に市民側に流すこともできますし、市民側のSNSを遮断することもできるようになりました。

抵抗する市民側が、平和的な行動から暴力的な行動に出るようになるとき、SNSを通じてそれを察知される危険性が高まります。権力側は、暴徒=テロリストという理屈を持ち出しますから、武力による徹底的な弾圧を加えます。強権的な権力側は、市民側がSNSで暴力を唆《そそのか》すのを待っています。あるいは、権力側はフェイクメッセージとして暴力を唆し、それに応える市民側が出てきたところで一網打尽にするかもしれません。市民側にとって、SNSというのは相反する効果を持つ危険な武器になったということです。

SNSに関しては、国家自体が管理・監視をすることも可能です。典型は中国の「微信（ウィーチャット）」です。SNSとしてだけでなく、ニュースの配信から電子マネーの決済まで可能にすることで、生活に欠かせないツールであると同時に、政府に批判的な投稿を監視するツールともなっています。ＢＢＣに興味深い記事が掲載されました。

「便利さと引き換え、『要注意人物』登録迫る　監視国家・中国のＳＮＳ」

（ＢＢＣ、二〇一九年六月一〇日）

記事を書いたのは、ＢＢＣの中国特派員ですが、香港での民主化要求のデモを取材し、その写真を微信に投稿したところアカウントを凍結されたというのです。凍結は翌日解除されるのですが、今度は不適切な投稿をしたとして、写真を含めて個人情報の登録を求められたというものです。こうなってしまうと、ＳＮＳというのは市民側にとっての情報発信ツールではなく、完全に国家に管理されるツールということになります。

最近、さらに新しい動きがアメリカからも出てきました。Twitter で自らの主張を展開してきたトランプ大統領に対して、二〇二〇年五月二六日、Twitter 社が「事実確認」の警告ラベルを付けました。さらに、ちょうどそのころにミネソタ州のミネアポリスで白人警察官による黒人暴行死事件が起きます。抗議活動に参加した人が暴徒化したことを受けて、トランプ大統領が、「州兵を送り込む」と Twitter に書き込んだことで、Twitter 社は、暴力を賛美しているという警告を投稿画面に出します。トランプ大統領は、これに激怒して、ＳＮＳ業者に対して法的保護の一部を廃止する大統領令に署名してしまいます。ＳＮＳと国家権力との関係は、新しい局面に差し掛かりつつあります。

アルジェリアのしなやかな「運動」

アルジェリアは、八〇年代末に冷戦が終わるまでは社会主義の体制で、軍部と社会主義政権による独裁体制の国でした。それが一挙に崩壊して一九九一年に自由選挙（予備選挙）が実施されたところ、イスラーム救済戦線（ＦＩＳ）というイスラーム主義勢力が勝利しました。

選挙でこの組織が勝ってしまったことでパニックに陥った軍部は、本選挙を中止し、ＦＩＳを弾圧します。すると、さらに過激な勢力が誕生して武装闘争を繰り返し、暗黒の一〇年とも呼ばれた内戦状態に陥りました。最後は政府軍が鎮圧しましたが、一九九九年以来二〇年にわたって、軍部に支えられたブーテフリカ大統領がこの国を支配してきました。

辛酸をなめたアルジェリアは、二〇一〇年に始まるアラブの春では動きませんでした。民主化運動により軍部との衝突を招くと、どれだけの犠牲を伴うか、アルジェリアの市民側は知り抜いていたからです。独裁者と言われるブーテフリカ政権のままで、市民側はじっと待っていました。

二〇一八年ごろからブーテフリカ大統領がまったく国民の前に姿を現さなくなり、生きているのか死んでいるのかさえわからないと囁《ささや》かれるようになってきます。姿は国営テレビに映されるものの、肉声が聞こえてこなかったからです。

いよいよ潮どきかということになって、市民側が、じわっと動き出しました。そして二〇一九年に、いよいよブーテフリカ大統領を追い詰める市民運動が起きたのです。しかし、注目すべきなのは、一切暴力的な行動に出なかったことです。

アルジャジーラは、市民側の抵抗運動を「微笑《ほほえ》みの革命」と評しています。

「アルジェリアにおける、一人の詩人と革命」（アルジャジーラ、二〇二〇年二月二二日）

モハンマド・タジャディットという一人の若い詩人に焦点を当てて、アルジェリアの民主化運動を描いたこの記事は、市民側がこの国をどうやって自由な国にしたいかを市民目線で追っています。書いた詩がもとで投獄されたタジャディットですが、彼もまた、運動の一員です。しかし、彼の詩は決して暴力を煽動するようなものではありません。高等教育を受けた人でもありません。記事の中で紹介されている彼の詩の一部を引用します。

「軍の支配は取り除かれるだろう。マフィア国家は崩落するだろう。人びとは誇りを持ち決してくじけないだろう。彼らはたった一つ、彼らの国をきれいにしたいだけ」

ごくシンプルなメッセージが、多くの市民側の共感を呼んでいくプロセスを考えてみましょう。

市民運動は変化する。変化に応じたメディアがある

アルジェリアの場合、政権と軍部との結合が強いため、軍部がどういう状況で牙をむいてくるかを過去の内戦から市民側はよく理解していました。

「アルジェリアの女性たちは、レジリエンスと革命の精神を抱いて」

（アルジャジーラ、二〇二〇年三月一二日）

これは、アルジェリアの状況を踏まえて、抵抗運動の歴史を非常に慎重にまとめた記事です。独立戦争の闘士から、暗黒の一〇年と言われた九〇年代の内戦、そして現在の抵抗運動まで、女性たちがどのように闘い、犠牲になってもなお、民主と自由を希求する気持ちを失わずにしなやかに抵抗を続けているかを書いています。

九〇年代の内戦を経験し、多くの犠牲を払った女性たちが、子ども世代の教育に力を注いだ結果、若い世代の女性の識字率が向上し、そのことがブーテフリカ大統領を辞任に追い込んでいく市民運動の力を飛躍的に高めたと指摘しています。暴力ではこの国の体制変革ができないことを知り抜いている女性たちにこそ、静かな革命の原動力があることを教えてくれる内容で

す。

どういうデモンストレーションをすれば良いのか、市民側は、実に細心の注意を払っていました。そのときに、SNSが市民側にとって重要な武器になりました。もとより市民側は既成のメディアには何の関心も持っていません。国のメディアは例外なく御用メディアですから、何の力にもなりません。

アラブの春のときと同様に、SNSによる市民側のネットワーキングは機能しているのですが、一つ違うのは、SNSが煽動するためのツールではなくなっていたことです。

ここに私は注目しています。つまり、相手にする軍部が凶暴な組織であるということを踏まえて、市民側がSNSを、より賢い動き方をするためのツールとしつつあったからです。

このプロセスを研究しているアディミ・ワーディーさんという若手研究者によると、Facebookが重要なツールとして利用されたと言います。

例えば、二〇一九年の夏前にブーテフリカ大統領の辞任を求める声が高まったとき、では次を誰にするかを市民たちが選ぼうとします。民主的な選挙制度が整っていれば問題ないのですが、アルジェリアの場合は軍部が政権の人事を牛耳っていますから、自由で民主的な選挙は今のところ期待できません。そこで、市民の間からSNSで、こういう人はお断りだという意思表示をしていったのです。

Facebookにはいろいろな政治的主張が投稿される。先ほども少し触れたように、その中で「いいね」やポジティブなコメントをたくさんもらった意見が、徐々に主流をなしていくのだそうです。

しかし、なかなか決まらないまま夏を迎えました。夏の間は、すっと波が引くようにこの運動は静かになったそうです。

「夏は暑いからね、やめとこう」ということだったとワーディーさんは言います。つまり、そこで休戦期間を設けている。そうすると、軍部の方も身構えて、さあ、市民側が何かをしたら、強硬な姿勢に出ようと準備しているときに、相手側が引いていくので気が抜けてしまう。

これこそ過去のひどい内戦から市民側が学んだ戦い方と言えるでしょう。例えば、SNS上に再びイスラーム主義者の発言が目立ってくると、このままでは軍部の思うつぼになります。すでに書いた通り、イスラーム過激派との戦いは「テロとの戦い」として容認されてしまうからです。軍部が手ぐすね引いて待っていることを市民側は知っていました。

だからこそ、そこに陥ってはいけないということで、イスラーム主義に批判的な市民たちが、過激なイスラム主義者には同調しないことをSNSで盛んに発信していったそうです。

ワーディーさんによると、このように権力と非常に賢く綱引きしていたそうです。このプロセスは大変興味深いことです。かつての内戦で、イスラームを境界線として社会の分断が進んだことに対して、イスラームを分断の線にしないようにする修復的な動きが現れたからです。イスラーム主義者にしても、市民側がついてこないのでは、それ以上突出した動きをすることができません。

この市民運動は、単に「ヒラク（運動）」と呼ばれていました。「○○運動」とさえ名乗らない。ただ、「運動」。ここにも長年にわたる凄惨な内戦で苦しんだアルジェリア市民の知恵がにじみ出ている気がします。

アルジェの郵便局の脇に市民のための演台があって、そこでは自由に発言できる。これも、拍手の多かった人がだんだんとヒラクの流れをつくっていくのだそうで、過激な意見というのは、市民自身によって排除されていくのです。このヒラクの最大の特徴は、政治的なプレゼンスを持つリーダーがいないことです。市民のコンセンサスをSNS上でつくり上げていこうとする画期的な市民運動だと私は見ています。

例えば、彼らはサッカー好きですから、草野球じゃなくて草サッカーを友達とやりながら、次はどの手でヒラクを展開しようかと相談して、それがまとまるとSNSに上げるという具合に。

ワーディーさん自身も、このような取り組みが最後までうまくいくかどうかはわからないと言っていました。しかし、凄惨な内戦を経験したがゆえの賢さというものが、新しいタイプの民主化運動を支えているようにも思えてくるのです。

独裁に抵抗するに当たって、犠牲者を出すことなく、そして、分断に持っていかせないような市民の力によるしなやかな運動がある。私が注目するのは、その運動の中で市民側によるメディアが果たす役割です。

アルジェリアの民主化運動をアラブの春の第二幕として取り上げる論調もありましたが、基本的に別のものだと思います。少なくともヒラクの当事者たちは全然違うことを考えています。アルジェリアの事例を傍《はた》から見ると、怒りや暴力が表に出てこないので、ひどく中途半端な民主化運動に見え、欧米の主要なメディアも大きく注目はしませんでした。

しかし、それも市民側の狙いでした。欧米のメディアは、アルジェリアの体制を独裁として紋切り型に批判してきました。特に、フランスのメディアは、かつて植民地支配していたことも忘れて、市民の抵抗運動を煽るような記事を載せることがあります。

「アルジェリア、アーティストたちはオンラインで『ヒラク』の囚人たちの解放を歌う」

（ル・モンド〈フランス〉、二〇二〇年五月二五日）

この記事は、新型コロナウイルスの感染対策で、野外での行動が規制されているため、YouTubeやFacebook上で、ヒラクでの活動を理由に収監されている活動家の解放を訴える歌が流されていることを伝えたものです。それは事実ですから問題ではないのですが、旧宗主国フランスのメディアが民主化運動を書き立てると、アルジェリア政府は規制を強化してしまいます。香港での抵抗運動を欧米や日本のメディアが報じると、中国政府が強い不快感を示して締め付けを強化するのと同じことが起きるのです。

アルジェリアの若者にとっては、それが迷惑だとワーディーさんは言います。そういう欧米の「煽り」に乗って、派手な抵抗運動をすれば、恐ろしい勢いで弾圧が返ってくることも承知しています。それに、欧米諸国の政府もメディアも、最後まで市民側を支援しません。一九九〇年代に選挙でイスラーム救済戦線が台頭したときも、フランスは結局、アルジェリアの民意を尊重しませんでした。

エジプトの軍部によるクーデタのときもそうでした。先に書いたように、政権を奪取した軍部も良くないけれど、イスラーム主義勢力は弾圧されても仕方ない――そういう空気が欧米諸国で主流を占めてしまうと、軍の独裁でさえ最後は肯定されてしまうのです。

アルジェリアの若者たちは、軍部が実権を握る、あるいは傀儡《かいらい》政権が誕生することを認めません。そこでは、ヨーロッパの左派が飛びつきやすい「革命」論に踊らされないよう、細心の注意を払いながら「運動」を続ける若者たちのしなやかさを見ることができます。

ヒラクはまだ終わっていません。市民側の動きを恐れた軍部は、古い政権でも閣僚を務めたアブデルマジド・テブンを新大統領に据えましたが、市民側はまったく満足していません。テブンは、投獄されていたヒラクのメンバーを釈放し、ヒラクに敬意を払うと発言しましたが、市民側は誰も信じていません。

「アルジェリアの市民は、新たなデモンストレーションによって、抵抗の一周年を記録した」

（アルジャジーラ、二〇二〇年二月一五日）

アルジャジーラは、彼らの民主化運動を見守る姿勢でこの記事を書いています。依然として非常に微妙な市民側と軍部との関係に配慮して、煽ることを避けています。一年前に、この国でかつてなかった静かな運動によってブーテフリカ大統領を退陣に追い込み、さらに改革を深めさせるための運動が再開されたことを伝えています。

しかしその一方でル・モンド紙は、アルジェリア政府はFacebook上での政権批判を監視し、活動家を逮捕していると伝えています（二〇二〇年五月二一日）。

分断を生きる人間の姿を伝える

本書の最初の問いに戻りましょう。この分断の時代にあって、私たちは遠く離れた場で起きていることをどうやって知ることができるのでしょうか？

インターネットやＳＮＳの急速な発展によって、確かに遠い世界で起きている惨劇も、パソコンやスマホでも知ることができます。

けれども、言うまでもなく、動画投稿サイトやさまざまなＳＮＳに溢れる情報に信憑性があるのかどうかは、ますます判断しにくくなっています。現在は静止画でも動画でも、いかようにも改竄《かいざん》できます。誰が、いつ、どこで、何を、どのように起こしているのかを捏造《ねつぞう》することなど、今や素人でも簡単にできる環境なのです。

マスメディアでさえ、スマホや投稿サイトの動画を使う時代です。そうであるからこそ、真《しん》贋《がん》を見極める目をプロのジャーナリストは持たなければなりません。溢れる言説を鵜呑みにして報道していいのかどうかを判断するリテラシーを持たなければならないのです。

カタールのアルジャジーラが、起きていることを淡々と報じているのは、まさにこの分断の進行する世界なのです。

私は、アルジャジーラが一貫して「人の姿」に焦点を当てて報道することに注目しています。アルジャジーラの宣伝をしようというのではありません。けれども、過去四〇年の間に、分断につぐ分断でイスラーム世界から排除された人たちが、この報道機関の中枢にいることが「人の姿」を追い続ける報道姿勢に反映されているのは確かです。

中東の視点と言っても、9・11以降のアフガニスタン侵攻でも、イラク戦争でも、アルジャジーラが、タリバンやサッダーム・フセインを支持するために報道したわけではありません。欧米諸国の報道から完全に掻き消されてしまったアフガニスタンの人びとの声、フセイン政権の圧政に続いてアメリカの占領によって腐敗していく政権の姿を市民の声を基に報じてきました。イスラエルとエジプトによって包囲されてしまったパレスチナのガザや、アサド政権の攻撃で犠牲になった人びとの声など、他のどのメディアも継続的に報じ続けることはありませんでした。

ただし、アルジャジーラがこの報道姿勢を貫けるかどうかは保証できません。これだけ世界中にネットワークを持ちながら、CM収入でも受信料でもなく、カタール首長家の莫大な出資によって支えられているのですから、首長の方針が変われば、このメディアの将来は異なったものになるでしょう。この点を批判して、アルジャジーラをカタールの御用メディアだとする声もあります。

働いているジャーナリストたちも、そのことはよくわかっています。ジャーナリストにほとんどカタール人はいません。イスラーム圏諸国の迫害を逃れたディアスポラのジャーナリストや海外のジャーナリストと専門家集団によって、報道の内容は組み立てられています。あちこちの国から逃れたプロフェッショナルのジャーナリストが集結したというのは、現代のジャーナリズムにおける希有な例と言えるでしょう。

私たちが、世界で起きていることを正確に把握しようとするには、メディアを使いこなさなければなりません。現場にいないのですから、情報の正確さを自分で判断できることはほとんどありません。現場にいたとしても、自分の見たものと、他人の見たものは違いますし、見たままを伝えるとも限りません。

そこで必要なのは、人の姿と声です。それも、打ちひしがれた、傷つきやすい立場にいる人の声です。

しかしそれさえも、演出されることがないとは言えません。決定的なのは、そこにどれだけの死があるかという点につきます。多くの命が奪われる場面にあって、もっとも傷つきやすい人たちが、どんな表情を見せているか、子どもはどんな表情を見せているか。そこを正確に淡々と伝えるメディアならば、SNSだろうと、テレビだろうと信用できるものです。

かつて、中東やアフリカに行くと、貧困や戦争の話題ばかりを取材・調査するなと言われ、現地の役所の偉い人や政治家に疎まれたものです。もちろん、偉い人たちの言い分も聞く必要があります。政界のトップは何を語り、経済界の覇者は何を語るのか。それを聞くことは必要です。

しかし、忘れてはいけないのは、傷つきやすい立場の人びとの声です。家族と夕餉《ゆうげ》の食卓を囲んでいたら、その瞬間に子どもの身体《からだ》がバラバラに千切れ、家は瓦礫と化す、そういう戦争の只中《ただなか》にいる人の姿なのです。こういう報道は、権力者の嘘も、敵のプロパガンダも撥《は》ねつけるだけの強固なメッセージとなるからです。

第七章　パンデミックがもたらす新たな分断

れました。

グローバルな危機と分断の深刻化

二〇二〇年、世界は新型コロナウイルスによるパンデミックという前代未聞の惨禍に見舞われました。

その最中にも、分断は進行しています。アメリカのトランプ大統領はウイルスの発生源を中国だとして非難し、世界保健機関（WHO）が警告を遅らせたのは中国寄りだからだと重ねて非難しました。四月に入ると、アメリカはWHOに対する拠出金の支払いを止めると恫喝する事態となりました。その一方で、主権国家の連合である国連やWHOは、台湾の感染症対策を重視しませんでした。台湾は、感染症の封じ込めに成功しましたから、当然、その経験には学ぶところが多かったはずです。しかし、中国政府が「二つの中国は認めない」方針を採っているためWHOは台湾を締め出しています。

アジア系の人びとは世界各地で差別の対象になりました。新型コロナウイルスが最初に感染拡大を見せたのが中国だったことに起因しています。

「中国嫌悪：ウイルスは多くのかたちで中国が恐れられていることを明らかにした」

（BBC、二〇二〇年二月二〇日）

「武漢ウイルス（原文はWuhan Virus）がインドネシアでの反中国の陰謀論に火をつける」

（フォーリン・ポリシー、二〇二〇年一月三一日）

「コロナウイルスの拡大に伴い反中国感情も拡大」

（ニューヨークタイムズ、二〇二〇年一月三〇日）

日本で「中国人は来るな」がTwitterのハッシュタグでトレンドになり、シンガポールでは中国人の入国を禁止するよう請願が集まり、香港、韓国、ベトナムでも中国人の来訪は歓迎されない中で、外国にいる中国系の人びとが中国本土の人びとを拒絶するようになったことを「ニューヨークタイムズ」が伝えています。しかし、この記事はまだ一月末のもので、アメリカも比較的冷静に新型コロナウイルスによるヘイトの問題を見る余裕があったものと思われます。

「コロナウイルス：フランスのアジア系『私はウイルスじゃない』と反論」

（BBC、二〇二〇年一月二九日）

「コロナウイルス：パニックに陥ったイタリア人によって中国人が標的に」

（同、二〇二〇年二月四日）

「アジア系に対するヘイトは新型コロナによるパンデミックの最中、オンライン上で広がり続ける」

（アルジャジーラ、二〇二〇年四月五日）

時間が経つにつれて、ヨーロッパが感染拡大の中心になると、ヨーロッパでのアジア系への差別の問題が取り上げられるようになります。このアルジャジーラの記事では、Twitter, Facebook, Instagram 等での「武漢ウイルス」のハッシュタグが七万二〇〇〇以上、「カンフー」が一万以上に及んだことに言及しています。「カンフー」は中国と新型コロナウイルスを結びつける隠語として使われたものです。WHOは「武漢ウイルス」と呼ばず、COVID-19を正式名称にしたのですが、中国に責任があるという立場からは「武漢ウイルス」が使われ続けます。この間の経緯をアルジャジーラは詳細に調査報道していきます。中でも出色のドキュメンタリーが、"The geopolitical battel for the COVID-19 narrative"（YouTube 上で視聴可能）で、アメリカ、中国、国連という三者の主張を比較しながら、パンデミックの中で何が語られ、それがどのように大国間の争いに利用されてきたかを分析しています。

ところが、問題は中国に対する嫌悪感情にとどまりません。中国内部にも差別があったことが明らかにされます。

「中国のアフリカ系の人たち：私たちはコロナウイルス差別に直面している」

（BBC、二〇二〇年四月一七日）

BBCは中国でアフリカ出身者が多い広州市で、アフリカ出身者に対して、来店拒否等が相次いだことを報じました。国際人権監視団体のヒューマン・ライツ・ウォッチも警告を発します。

「中国：アフリカ出身者に対する新型コロナ差別」

（ヒューマン・ライツ・ウォッチ、二〇二〇年五月五日）

広州市で、アフリカ系の住民に対して新型コロナウイルス検査を義務化しただけでなく、自己隔離もしくはホテル等での隔離を要求したことで、家主に追い出された住民が路上生活を強いられたこと、レストランや商店がアフリカ系の人を拒絶する等、差別が行われたというのです。

「外国人に対する平等な処遇を再度強調」

（環球時報〈中国〉、二〇二〇年四月一二日）

これに対して、中国の政府系メディアは、「アフリカ系の人びとに対する誤った処遇に関する報道は、敵意を掻き立てようとするものだ」と批判し、外国人に対する新型コロナウイルス対策は平等であること、この種の西欧の報道は中国とアフリカの関係に問題を引き起こそうという挑発だとして反発していることも伝えています。アメリカの反中国報道に対して、中国政府は「欧米による陰謀説」で反撃しています。

インターネット上には、ヨーロッパ諸国に住んでいる日本人から、初めて差別を受けたという発言も数多く見られました。ヨーロッパには、難民や移民に対する厳しい差別は存在していたのですが、それに気づかなかった日本人は驚いたことでしょう。このことは、新型コロナウイルス以前の日本人の中には、「名誉白人」的な立場にいると思い込んでいる人がいたことを示しています。

日本でも、中国に対する批判はインターネット上に溢れました。誰かを悪者に仕立てたいという歪《ゆが》んだ欲求は、感染症と同じように世界で猛威を振るい始めています。

科学史の専門家である村上陽一郎は『ペスト大流行―ヨーロッパ中世の崩壊』（岩波新書、一九八三年）で、中世のころ、ペストが大流行したヨーロッパで、「キリスト教徒の敵」が疫病の原因だとする言説が広まり、ユダヤ人に対する途方もない迫害が起きたことを指摘しています。

「黒死病期のユダヤ人大虐殺の最初の記録としては、一三四八年九月、スイスのジュネーヴに起った例が残されている。そしてこの美しい町に発火した悲劇は、水面に波紋が拡がるように、たちまちのうちに、全ヨーロッパへと拡大する。それはまるで、ペ、ス、ト、の流行の如き観を呈することになった。」（同書、一四一ページ）

私は、今回のパンデミックでも、同様のことが起きることを危惧しています。すでに、アメリカ国内でも、ミネアポリスで白人警察官が黒人を殺害し、各地で暴動に発展する事態を招いています。経済活動をはじめ、多くの自由が制約されれば人間は苛立《いらだ》ちます。そこに従来から存在する人種差別の火がつけば、社会は一挙に憎しみの渦に巻き込まれます。

そして、もう一つの懸念は、パンデミックに世界の関心が集中している隙に、すでに存在していた分断が深まることです。中国は、五月二八日に全国人民代表大会（全人代）が香港での反中国の動きを取り締まる「香港国家安全法」を導入すると決定しました。香港ではすぐに抵抗運動が起きると共に、アメリカやイギリスが中国を厳しく非難し、対立は深まりました。かくして、六月三〇日の深夜、「香港国家安全維持法」が施行され、翌日には約三七〇人が逮捕される事態となったのです。

同じころ、イスラエルではようやく連立政権が成立し、即座に、パレスチナ自治区のヨルダン川西岸のユダヤ人入植地をイスラエルに併合する計画に着手しました。

「EUはイスラエルによるヨルダン川西岸の併合計画に反対で結集」

（BBC、二〇二〇年五月一五日）

「イギリスはイスラエルの西岸併合を支持せず」

（アルジャジーラ、二〇二〇年五月一一日）

「ネタニエフの併合計画は予期せぬ反対に合う：イスラエルの入植者」

（ニューヨークタイムズ、二〇二〇年六月一日）

この計画は、アメリカのトランプ政権が後押ししてきたものですが、イスラエル・パレスチナ二国家の共存という国連での合意を無視するものです。パレスチナ側は激しく反発しましたが、パンデミックの最中であったため国際世論はほとんど反応しませんでした。これは、分断というよりも、パレスチナ自治区を消滅させる危険すらあります。しかし、入植者たちの間からも疑問の声が上がりました。アメリカは大統領選挙まで数カ月となり、もしトランプが再選されなければこの計画に対する支援が得られなくなるのではという不安が出てきたのです。

二〇二〇年八月一三日、アメリカのトランプ大統領はＵＡＥ（アラブ首長国連邦）とイスラエルが、アメリカの仲介で国交正常化に合意したと発表しました。もちろん自分の手柄で中東和平に歴史的進展が実現されたことを強調したのですが、この合意でイスラエルは西岸地区の併合を一時中断することになりました。アメリカ政府の発表だけ見ると、イスラエルが妥協して和平に向けて一歩前進したように見えますが、合意には当事者であるパレスチナ側の声は反映されていません。完全に存在を無視されたかたちでの合意は、今後、パレスチナとイスラエルとの分断を一層深めることになるでしょう。この問題についても、今後展開されるプロパガンダ戦争に注目しなければなりません。

本書でも取り上げた内戦といい、移民や難民に対する排斥といい、新型コロナウイルス問題以前からあった分断と対立は、残念ながら、何一つ、修復の方へは向かっていません。

難民や移民もまたパンデミックの犠牲者

紛争で国家の秩序を失っているシリア、イエメン、リビア等の国々、そこから発生した難民、国内避難民は膨大な数に達していますが、彼らに対する医療は極めて不十分なものです。一口に難民と言いますが、ヨーロッパに渡っても、難民認定を申請中の人たちにはさらに権利が制約されています。

ギリシャのレスボス島、キオス島等の島には、トルコからエーゲ海を渡ってたどりついた人びとの収容施設がありますが、すでに収容定員を数倍も上回る規模に達していて、そこで感染が起きれば手の施しようがありません。ギリシャには大小多数の島があり、そのすべてに感染症対策の医療施設はないからです。

「レスボス島に到着した難民申請者から、さらに二人の陽性」

（アルジャジーラ、二〇二〇年五月一六日）

「レスボス島の難民が厳しいロックダウンのもとに置かれている中、ギリシャ政府はツーリストを歓迎」

（ガーディアン、二〇二〇年五月二七日）

アルジャジーラは、難民報道を非常に丹念に続けていますが、ギリシャの島の難民収容施設の衛生状態が非常に悪く、レスボス島では、定員三〇〇〇人のところに一万七〇〇〇人も収容されていることに懸念を示しています。その一方で、ギリシャは感染拡大を抑えることに成功したとして、主要産業の観光を何とか復活させようとしているのです。

難民や移民を新型コロナウイルスと関連付ける主張は、難民規制と反移民、反イスラームを強く主張してきた東ヨーロッパから出てきました。

「オルバン：不法移民と新型コロナウイルス感染症の拡大には関連がある」

（デイリーニュース〈ハンガリー〉、二〇二〇年三月一一日）

ハンガリーのオルバン首相が、当時、感染者が急増していたイランを名指しして、イランから、イランを経由してEUに入ってくる移民を規制すべきだとEUの会合で主張したことを伝えています。

感染は、先に制度の整った国で猛威を振るいましたが、次第に、中東、アフリカ、ラテンアメリカ、そして東南アジアから南アジアの国々にも波及しました。四月ぐらいまで、アフリカや南アジアでの感染状況は、さほど深刻ではないように見えていましたが、検査体制や医療の整っていない地域では、そもそも感染の実態さえ十分に把握できなかったはずです。

医療施設も薬もなく、飢餓の問題や極度の貧困に苛《さいな》まれている人びとは、たとえ命を落としても、その原因が何であったかを突き止めることさえ難しいでしょう。UNHCR・WHO・UNICEF＝ユニセフ（国連児童基金）等の国連機関は、連日、難民をはじめとして貧困地域の人びとが、感染症によって、はるかに甚大な被害を受けることを警告し続けています。

難民だけではありません。シンガポールやUAE、クウェート、カタールのような国は、外国人労働者に経済活動のかなりの部分を依存しています。これらの国では、外国人労働者の間に感染が拡大しました。国の空間的な規模が小さなこれらの国では、内部で感染者が増えると、封じ込めが困難になります。日本での感染拡大の初期に、クルーズ船の中で感染者が急増したのと同じことが起きるからです。

「COVID-19は湾岸諸国の移民労働者に対する権利侵害を無視できないものにした」

（アムネスティ・インターナショナル、二〇二〇年四月三〇日）

ペルシャ湾岸の産油国で、二三〇〇万人もの移民労働者が劣悪な環境のもとで働かされていることは、これまでも問題にされていました。新型コロナウイルス感染症が湾岸諸国でも拡大すると、密集した「労働キャンプ」のような状況で暮らしている移民労働者の間に感染が拡大していることが問題となり、アムネスティが厳しく警告を発したのです。これを受けて、クウェートやカタールの政府は労働環境の改善に応じる姿勢を示していますが、これまでのような低賃金での雇用を続けることの是非が、パンデミックによって問われることになりました。

さらに、もう一つ考えなければならないのは、彼らが経済活動の制限で仕事を失ったことです。彼らの多くは、母国の家族に送金するために働いていました。帰国することもままならず、失業したまま不安定な身分で、物価の高いこれらの国に居続けることは大変な困難でした。

「コロナウイルスは湾岸の移民労働者を立ち往生させた」（BBC、二〇二〇年五月一六日）

この記事によると、UAEの労働者は、パンデミックで仕事を失ったために家賃を払えず、大家から立ち退きを要求されて窮地に陥った上に、帰国しようとしてもすでに便がないのです。インドとパキスタンの政府は、帰国便を手配しようとしましたが、UAEだけで二〇万人も希望しているインド人労働者を帰国させるのはほとんど不可能と見られています。

「コロナウイルスが湾岸の移民労働者にとってリスクを深める」（ドイチェヴェレ、二〇二〇年五月一日）

ドイツ国営放送ドイチェヴェレは、湾岸諸国の国ごとに状況を詳細にリポートしています。カタールでは、二〇二二年のサッカーワールドカップを控えて建設ラッシュになっているため、多数の建設労働者の環境が劣悪であることを指摘しています。ＵＡＥやサウジアラビアでは、移民労働者の賃金が未払いになっているために、移民による母国への送金が劇的に低下しており、母国で送金を待つ家族にとって非常に厳しいという世界銀行の指摘を伝えています。

いわばカタールという当事者の国にあるアルジャジーラは、どう伝えたのでしょう。

「湾岸諸国では、移民労働者がパンデミックの悪影響に耐えている」

（アルジャジーラ、二〇二〇年六月一日）

この記事では、湾岸諸国は低所得の移民労働者に対しても政策を採るべきであること、豊かな国民に対して貧しい移民労働者、その格差を是正するのが急務であると指摘しています。そして、彼らの雇用計画が、業者まかせになっていることが労働者のリスクを高めているという構造的な問題を指摘すると同時に、湾岸諸国でも「危険が外ではなく内にある」という言い方で、移民労働者に対する排外主義の主張が出ていることを批判しています。カタールの国内問題に対する批判はあまりしていないので、そのあたりに限界を感じますが、外国人労働者への依存は湾岸諸国に共通する問題ですので、その点は押さえています。

つい数年前、世界は見たこともない難民や移民の奔流を目の前にして、ヨーロッパ諸国だけでなく、アメリカも、にわかに国家の「壁」を高くしようとしました。しかし、それでも人の流れを止めることはできませんでした。

新型コロナウイルスによる感染症は、国家がどれだけ「壁」を高くしても、易々《やすやす》とそれを乗り越え、世界に拡散します。新型コロナウイルスが、人から人へと感染することはわかっています。人と人との接触を避けることが最大の予防策であることは、どの国の政府も繰り返し唱えてきました。密閉、密集、密接に感染の危険があることは、つとに指摘された通りですが、現代世界では、国境を越えた人と人との接触を断つことは不可能です。

新たな分断のはじまり

日本では四月七日に緊急事態宣言が一部の地域に出され、一六日には全国に拡大されました。経済、社会、教育、文化、あらゆる領域で活動の自粛が求められたのです。そして、五月二五日に緊急事態宣言は解除され、早くも、「出口」戦略なるものが話題にのぼるようになりました。

そこに、新たな分断をもたらす亀裂が生じていたのが気になります。集団免疫ということが盛んに言われて、抗体検査を実施すると国が言い出したのです。抗体検査というのは、新型コロナウイルスに、すでに感染した人にできる抗体の有無を調べることで、ここで陽性になれば、すでに感染していたことがわかります。

しかし日本では、その前段階で感染しているかどうかをはっきりさせる手段であったPCR検査の数はずっと少ないままでした。こちらは、ウイルスそのものを持っているか否かを調べるものです。世界のほとんどの国は、このPCR検査を積極的に行って、実際にどの程度の人が感染しているのかを明らかにした上で、それを減らしていくための対策を採ったのですが、日本では違いました。

抗体検査を大規模にやるというのは、日本人の何割が新型コロナウイルスに対して免疫を持っているかを調べることです。日本社会にどの程度ウイルスが浸透したかを調べるということは、すでに感染してしまったのだから、慌てずに新たな流行を抑える対策を採れば良いという発想と表裏一体をなしています。新型コロナウイルスによる感染症では、感染しても死に至る率が比較的低いとされているからこそ、こういう発想が出てくることはわかります。

しかし、この発想は、感染していない人には何の意味もありません。感染することによって、重症化するのか、死に至るのかは感染してみないことにはわからないからです。日本という国をマクロで捉えて、感染症対策をどうするかというのは、経済を破綻させないためには必要な政策です。ところがその一方で、ミクロな存在である個人にとっては何の安心材料にもならないのです。現在のところ、ワクチンも決定的な治療薬もないのですから。

高齢者だけでなく、何らかの病気を持っていたり、妊娠していたり、感染すると重篤化のリスクが高まるとされる人たちにとって、この集団免疫の発想というものは、感染者と未感染者との間を「分断」し、感染者の割合で政策を立案するというものです。

未感染者は、相変わらず、人との接触を避け、密閉、密集、密接を避け続けなければならないわけで、感染した場合に、命を落とすかもしれないのです。全体にかぶせてあった行動自粛が解かれていくことによって、行動自粛は未感染者だけのものになっていきます。これは、効率を優先した優生学的発想と結びつくものと私は懸念しています。

同じころ、政治家のみならず、文化人までが、アフター・コロナではなく、ウィズ・コロナだと言い出しました。ウイルスを完全に撲滅することはできないから、どうやって賢くウイルスと共存するのかを考えようと言うのです。

人類と細菌やウイルスの関係を生態学的に捉えるならば、その通りでしょう。しかし、ここでも一歩立ち止まって考える必要があります。なぜなら、この発想も感染者と未感染者との分断を生むことになるからです。

繰り返しますが、ワクチンと治療薬がない現状で、ウイルスとの共存の時代になると言ってしまうのは、未感染者や持病を持つ人にとって、社会参加がロシアン・ルーレットになることを意味します。日本では、このような視点からの批判はありませんでしたが、世界にはこの点を指摘する報道もありました。

「抗体検査は就職差別に道をひらき、労働者に『ロシアン・ルーレット』をさせることになる」

（CNN Business　二〇二〇年五月一二日）

専門家の話として、雇用主はすでに抗体を持っている人を優先的に雇用することになるので、未感染の労働者は雇ってもらうために進んで感染しようとする可能性がある。これでは「ロシアン・ルーレット」になってしまうと批判しています。抗体検査の結果が「免疫パスポート」になる危険があるというのです。記事ではイギリス政府へのアドバイザーの発言を引用する形で、「特に接客業のような業種では、抗体検査で陰性の人を職場に戻さないという措置が採られる可能性がある」と指摘しています。抗体検査が、新たな差別を生むという批判なのです。

抗体検査には、感染を経験して優位に立った者が、感染していない vulnerable な人を危険にさらすのはやむを得ないという発想と結びつく要素があります。しかし、弱い立場の人を外側に出そうとする排他的（exclusive）な発想から、私たちの内側に取り込んでいく内包的（inclusive）な発想に転換してこそ、ウイルスとの共存を語ることができるはずです。

宗教とパンデミック

今の時代でも、ユダヤ人に対する嫌悪感情は西欧世界に根強く残っています。しかし、ムスリムに対する嫌悪感情は、それよりもはるかに強く、世界の広い範囲で共有されています。

感染が拡大していく中で、人が集合する場が危険だということも繰り返し強調されました。韓国では新興宗教の集会で集団感染が起きたことはよく知られています。この事態に困惑したのは、キリスト教会もイスラームもユダヤ教も仏教も同じでした。あらゆる宗教で、信徒は集合的に儀礼や礼拝を行います。

二〇二〇年四月、キリスト教ではイースター（復活祭）を迎え、ユダヤ教では「過ぎ越しの祭」を迎え、イスラームでも四月後半からラマダン月の断食を迎えました。いずれも、信仰を同じくする人たちが集うことに重要な意味があります。

バチカンはイースターのミサで人が集まることを止め、フランチェスコ教皇は、誰もいないバチカンで祈りを捧《ささ》げて範を示しました。イスラエルでは、超正統派と呼ばれる信徒たちが政府の指示に従わなかったために感染者の集団（クラスター）ができてしまい、最後は警察が取り締まる事態になりました。

イスラーム圏では、聖地を管理するサウジアラビアをはじめ多くの国が、金曜日の集団礼拝や大規模な宗教行事を取りやめました。聖地メッカやメディナ、そしてエルサレムのアルアクサ・モスクが閉鎖されるというのは、ムスリムにとって異例のことです。

この災厄に当たって神に祈らなければいけないと確信した信徒が、大規模な礼拝を行った国もありました。神の前には、何も恐れるものはないと断言する説教師は、アメリカのキリスト教会にもイスラーム圏にもいました。これらの現象は、宗教というものが、科学の成果、医学的勧告に従わない人びとの集団をつくっていることを印象づけることになるでしょう。

「ソーシャル・ディスタンシングに公然と反対した牧師、新型コロナウイルス感染で死亡」

（ニューヨークタイムズ、二〇二〇年四月一四日）

教会での集会を禁じる動きに反対していたアメリカの福音派の牧師が死亡したという記事ですが、集団での礼拝は新型コロナウイルスによる死者が急増していく中で、賛否が分かれていました。

災いを除《よ》けるために祈るというのはごく自然なことです。しかし、人と人との接触を避けることが最大の感染防止策とされているのですから、信仰を共有しない他者にとっては迷惑千万な行為にすぎません。日本での外出自粛要請を守らない人たちに激しい批判が浴びせられたのと同じことで、宗教的行為に対しても批判は向かいました。

「もう一つの蔓延：政治的、宗教的狂信主義」

（The Japan Times　オピニオン、ブラフマ・チェラニーによる寄稿、二〇二〇年四月一四日）

オピニオン記事なので、筆者個人の見解ですが、この記事は、パンデミックにとって宗教的な狂信主義がいかに危険かを指摘しています。例として挙げられたのはインドに生まれてパキスタン、マレーシア等で活動するタブリーギー・ジャマーアトという組織で、マレーシアでの集会に参加した人物が多数の人を感染させたことから、この組織が各国政府の禁止命令を無視して感染を広げるリスクの高い狂信者の集団だと批判しています。ただ、記事を読んでいくと、この組織がいかにテロと関わったかという点に重点を置いているので、筆者の関心は、イスラーム組織の危険性の方に比重が置かれています。同時に、イランのコムのイスラーム指導者が、聖者廟《びょう》への参詣は善行だと説いたために、行動自粛が進まなかったことを例に挙げて、シーア派のイスラームがいかにパンデミックに対して危険であるかを指摘しています。

それよりも私は、信仰にすがろうとする人びとを「反知性主義」として批判することに注意を払うべきだと思います。宗教というものは、その基底に熱狂を伴うものですが、狂信者を批判しているつもりが、いつの間にかその宗教の信徒全体を敵視する方向に傾斜することは幾度も起きてきました。

　パンデミックのさなか、二〇二〇年の七月、またしてもトルコが世界中からバッシングを受ける事態が発生しました。イスタンブールにあるアヤソフィア（ハギア・ソフィア）は、世界遺産として知られていますが、かつてビザンツの時代には正教会の教会で、一四五三年にオスマン帝国がイスタンブールを陥落させた後にモスクとされ、現在のトルコ共和国となって十年あまり経った一九三五年に博物館となった歴史的建造物です。

　この建物を博物館からモスクに戻すとエルドアン大統領が発言したところ、欧米諸国から激しい批判の嵐が起きました。ユネスコの世界遺産に指定された人類共通の財産であり、キリスト教とイスラームの宗教的共存の象徴であったはずのアヤソフィアをイスラームの礼拝施設であるモスクに転用したのは共存を否定するものだというのが主な批判でした。日本のメディアも一斉にこの問題を報じました。


「社説：アヤソフィアのモスク化　宗教対立あおりかねない」

（毎日新聞、二〇二〇年七月二一日）


「モスク化でトルコに非難続々　世界遺産アヤソフィア、登録抹消も」

（時事通信、二〇二〇年七月一二日）

「トルコ、世界遺産アヤソフィアをモスクに　欧米は反発」
（日本経済新聞、二〇二〇年七月一一日）

この問題について、日本も欧米諸国も同じ視点で報じていますが、重要な点が見落とされていました。

それは、問題の発端が行政裁判所の判決だったにもかかわらず、その判決がどういうものだったのかには一切触れていないことです。トルコ本国を除けば、あらゆるメディアの記者たちは判決を読んでいなかったのか、あるいは意図的に無視したのでしょう。

事の発端は、あるイスラーム保守系のＮＧＯが起こした訴訟です。オスマン帝国時代からモスクだったアヤソフィアを博物館にしたのは違法であり、モスクに戻すべきだとして、モスクから博物館への転用を決定した一九三四年の閣議決定は違法だと行政訴訟を起こしたのです。

これに対して、行政訴訟の上級審は訴えを認め、モスクを博物館に転用したことについて違法という判断を下しました。これを受けて、博物館を所管する文化省からモスクを所管する宗務庁に管轄が移行したのですが、その管轄変更は大統領令によって効力を発しますので、エルドアン大統領が署名しました。

大統領は、確かに、この決定を政治的に利用しました。国内は新型コロナウイルスの感染拡大によって経済的な打撃を受けていましたし、国民が大きな不安を抱いていたことは日本と変わりません。そこで、八六年間の悲願だったアヤソフィアの再モスク化が実現したと与党を支持する宗教保守層に向けてアピールしました。これに対して、欧米諸国から一斉に厳しい批判が沸き起こったのです。

一方、トルコの各メディアは、当然のことながら、一斉に、行政裁判所の判決を報じています。詳細を書く余裕はありませんので、かいつまんで説明すると判決の主旨は以下のようなものです。

アヤソフィアを含めて、周辺の墓地、学校、貸店舗などは、ファーティヒ・スルタン・メフメット・ハン・ワクフのものでした。ワクフというのは、日本語には正確に訳せないのですが、あえて言えば「公益財団」でしょうか。これはイスラームで定められた財産の寄進制度です。私有財産を寄進してそこから得られる利益を慈善事業に使うことを指します。一度ワクフ財源に指定されると、その用途や目的は半永久的に変わらず維持されます。

ワクフとして寄進される施設の代表的なものとしては、モスク、公共の水くみ場、学校、病院、墓地、店舗などがあります。そこには私有権はなく、国有財産でもありません。あくまで、イスラームで設定された公共財として使われるのです。

アヤソフィア関係のワクフの施設は、オスマン帝国時代に設定されたのですが、現在のトルコ共和国でも、基本的にそのまま維持されています。トルコの民法やワクフを管理する法律では、慈善のために寄進されたワクフとしての目的や用途を勝手に変更することはできないとされているのです。

判決は、この点を重視します。モスク、学校、それらの運用に使う賃貸料を得るための貸店舗などにするという目的で設定されたはずのワクフ施設であるアヤソフィア・モスクを閣議で博物館に用途変更したのは違法であり、一九三四年一一月二四日付の閣議決定は無効と結論づけたのです。違法ということになると、一九三四年の決定以前の用途に戻さなければなりませんからモスクになったのです。

欧米諸国でも日本でも、ジャーナリストたちが判決を読んでいたのなら、なぜ博物館をモスクに戻したかの経緯ぐらいは前提として書かねばなりません。

ちなみにユネスコの世界遺産条約には、宗教施設は不適当だという規定はありません。そして、世界遺産の管理は当該国の主権のもとにあるとされています。アヤソフィアと並んで世界遺産に指定されている建造物の中には、スルタン・アフメット・モスク（通称ブルー・モスク）やスレイマニエ・モスクも入っています。日本の京都の仏教寺院や神社も世界遺産に指定されていることを考えれば、宗教施設だから世界遺産にふさわしくないという理屈は成り立つはずはありません。

トルコ政府は、世界遺産を保護するために、アヤソフィアに残るキリスト教の聖像画などを保全することを言明しています。礼拝の時だけ、カーテンで隠すか、照明を暗くすることで、聖像画をムスリムの視線から遮るようにしますが、礼拝が終わると、再び見えるようにするそうです。欧米諸国や日本のメディアが、博物館なら中立的でモスクに変えるのは問題だと批判したことには正当性はありませんし、トルコの主権を侵害するものでした。ここでもまた、イスラームを断層とする分断がトルコを舞台に繰り返されたのです。

グローバルな危機下、自分を守るために

今回のパンデミックほどグローバルな現象はありません。地球規模の気候変動でさえ、影響を受ける地域と受けない地域があります。

数カ月前には、オーストラリアで、大陸のかなりの地域を覆う甚大な被害を出す森林火災が発生しました。日本ではほとんど注目されませんでしたが、サバクトビバッタの大発生も、ちょうどパンデミックの前後に東アフリカからイラン、パキスタンにかけて起きました。異常気

象によるのか、他の原因によるのかはわかりませんが、作物を食い荒らすバッタによる被害は、東アフリカで深刻な食糧危機をもたらす恐れがあると警告されています。

しかし、これもまた地域的に被害の大小には差があります。それに対して、新型コロナウイルスは、全世界を覆って拡大していきました。

惨禍がグローバルであるならば、グローバルな協力態勢でそれを克服するというのが合理的な対応です。ワクチンや治療薬の開発、重篤化を避けるための知恵、医療崩壊を起こさないための手立て。これらのすべてにわたって、国家を超えた協力があってしかるべきです。

けれども、ウイルスとの闘いの最中でさえ、国家というものは、マスクを奪い合い、検査キットを奪い合い、ワクチンや治療薬をいち早く開発して利益を独占しようと熾烈《しれつ》な競争を始めました。他国との間に、深い分断をつくることによって自国の生き残りを図る、それが目の前で起きている現実です。

これから、パンデミックをめぐるプロパガンダ戦争は、一層、激しさを増していきます。そこでは、国家vs.国家だけでなく、製薬企業同士の宣伝合戦、感染症対策を重視する人びとvs.経済再建を重視する人びとの間で、激しいぶつかり合いが生じるはずです。産業界の中も分裂して、自分たちの業界こそ支援が必要だ、経済再建の鍵だと主張し合うでしょう。

ジャーナリズムは、目新しい話題を集めることに気を取られ、報じていることが何をもたらすのかさえ理解できない状況が生まれてくるのではないでしょうか。良質の科学ジャーナリストが少ない日本では、ウイルス、感染症、創薬といった分野について、メディアが情報を精査して伝えているようには思えません。これが有効だ、いや無効だ、こういう行動が必要だ、いや必要ないと、私たちはすでにどれだけ不確かな情報を浴び続けてきたでしょうか。利害を異にする集団によってメディアが利用されてしまうと、プロパガンダ戦争の最も危険な面が表面化していくことになります。

そうだからこそ、一人ひとりの市民は、自分で情報を集めなければなりません。これまで日本のマスメディアは、世界の他の地域で何が行われていたかを伝えてきませんでした。

ウイルスという見えざる敵との闘いでは、なかなか目に見える成果を上げることができません。前回のパンデミックは、第一次世界大戦中のインフルエンザ（スペイン風邪）でした。当時はインフルエンザがウイルスによって引き起こされることも知りませんでしたし、ワクチンもありませんでしたから、現代世界にとって、ほぼ初の経験となったわけです。

いつまでコロナウイルス禍の状況が続くのかを見通すことは、グローバル企業であれ、超大国であれ、それはできません。そして、感染症対策は、どの国でもそうでしたが、経済活動とトレードオフの関係にされました。国家のリーダーたちは、経済活動を優先すれば感染症対策が思うような効果を上げないことに苛立ちを募らせていきます。

そこで、見えざる敵にかわって、目に見える敵をつくり出して非難し始めました。これは、不安に怯える国民の関心を逸《そ》らすというポピュリズムの常套《じょうとう》手段です。グローバリズムの限界を悟ると同時に、国家が前面に出てゲームの勝者として生き残ろうと覇を競う面が否応なく強まっていきました。

「ウイルスとの闘い」という表現に対する批判もあります。ドイツのシュタインマイヤー大統領が行った二〇二〇年のイースターを祝うメッセージの中でもその点に触れています。

「この感染症の世界的拡大は、戦争ではないのです。国と国が戦っているわけでも、兵士と兵士が戦っているわけでもないのです。現下の事態は、私たちの人間性を試しているのです」

（駐日ドイツ連邦共和国大使館のウェブサイト、二〇二〇年四月一一日のシュタインマイヤー大統領テレビ演説の記事配信から抜粋）

彼のメッセージは正しいのです。しかし同時に、現実を直視しなければなりません。人間だけでなく、国家もまた試されているのです。個々の人間よりも、現在のところ、国家、民族、宗教の方に、はるかに激しい争いと分断がつくられようとしています。

こうした状況で、私たちはさらなる地球環境の変動による自然の猛威とも向き合わなければなりません。気候変動による大災害は、台風やハリケーン、豪雨による洪水、森林火災、旱魃とあらゆる現象に及んでいます。これらの危機もまた、国家秩序を破壊し、弱者を窮地に追い込むことを忘れるべきではありません。

これらの状況を生きていく上で、とりあえず私たちにできることは情報を集め、それを評価する力を身につけることです。メディアからもたらされる情報は、毒にも薬にもなります。それを見極めるリテラシーの習得と同時に、特に若い方たちに勧めたいのは、サバイバルのための言語習得です。もはや、学校の成績のためでも、入試のためでも、エリート・ビジネスマンになるためでもなく、生き残るための英語を学ぶ時代になったのです。できたら、英語だけでなく、もう一つ他の言語を学ぶと良いと思います。機械翻訳も長足の進歩を遂げていますから、基本的なことを知っていれば、翻訳機能を補助的に使うだけでも、ずいぶん世界が広がります。

新型コロナウイルスの感染が世界に拡大していく中で、私は、自分で読める範囲の言語で世界の国々がどのような対策を立てて、市民がそれに対してどう反応したか、結果的にどうなったかを見続けてきました。そこで気づいたことがあります。つまり日本で起きたことは、大なり小なり、他の国でも起きていたということです。外国での報道を見てから、日本で次々に起きてくる現実を目の当たりにすると既視感に襲われました。どの国が、どんな対策を採り、市民に何を呼びかけていたのか、そしてその効果はどうだったのか、成功したにせよ失敗したにせよ、その原因は何だったのか、に関する情報のことです。

「知ること」は、間違いなく、自分の身を守り、自分の将来を切り拓《ひら》くための武器となります。日本では全然報じられていないことを見つけたら、それがなぜ日本では報じられていないのかを考えるのです。気づいていないのか、それとも、あえて報じないのか。

たいていは気づいていないことの方が多いですが、それなら先に情報を得て、先手を打って自分の身を守ることが可能になります。あえて報じないとしたら、その理由を考えます。日本には必要のない情報だとしたら、その根拠は何なのか。推測される理由が納得できるものなのか。

これ以上、世界の分断を進行させている余裕など人類にはありません。本書のテーマは「分断」でしたが、もちろん私の意図は分断を修復して「共生」を可能にするために、遡って分断がいかに生じたのかを記すことにありました。分断をつくりながら生きるよりも、共に生きる道を選ぶ方が、はるかに人の心に平安をもたらします。そのかすかな希望を抱きながら、本書を閉じることにします。

おわりに

新型コロナウイルスによる感染症がパンデミックとなっていく中で、本書を執筆するのは非常に難しいことでした。世界の分断をテーマにして本書を構想し、書いている最中に、世界の様相は一変してしまったからです。パンデミック以前の世界と以後の世界がどう変わるのかを見極めることは、「おわりに」を書いている今もできません。

大学も四月からの授業はすべて遠隔で行うことになりました。私の担当する授業の一つは「イスラームと多文化共生」でした。予定調和的な多文化共生がまったく現実味を失って一〇年を経た今、グローバルな危機がさらに何をもたらすのか、これからの世界を生きていく若い人たちの未来を頭に描きながら話を進めました。本書は、この授業の講義テキストにするため、当初の内容を大幅に書き改めたものになりました。

本書の刊行には、前著『限界の現代史―イスラームが破壊する欺瞞の世界秩序』（二〇一八年）に続き集英社新書編集部の伊藤直樹氏にすべての面でお世話になりました。記して感謝の意を表します。

二〇二〇年八月

内藤正典

内藤正典（ないとう まさのり）

一九五六年東京都生まれ。東京大学教養学部教養学科科学史・科学哲学分科卒業。博士（社会学）。専門は多文化共生論、現代イスラム地域研究。同志社大学大学院グローバル・スタディーズ研究科教授。一橋大学名誉教授。『イスラム戦争 中東崩壊と欧米の敗北』『限界の現代史 イスラームが破壊する欺瞞の世界秩序』（集英社新書）、『外国人労働者・移民・難民ってだれのこと？』（集英社）、『イスラームからヨーロッパをみる 社会の深層で何が起きているのか』（岩波新書）他著作多数。

プロパガンダ戦争《せんそう》 分断《ぶんだん》される世界《せかい》とメディア

集英社新書一〇三七B

二〇二〇年九月二二日 第一刷発行

著者……内藤正典《ないとうまさのり》

発行者……樋口尚也

発行所……株式会社集英社

東京都千代田区一ツ橋二-五-一〇 郵便番号一〇一-八〇五〇

電話 〇三-三二三〇-六三九一（編集部）

〇三-三二三〇-六〇八〇（読者係）

〇三-三二三〇-六三九三（販売部）書店専用

装幀……原 研哉

印刷所……大日本印刷株式会社 凸版印刷株式会社

製本所……加藤製本株式会社

定価はカバーに表示してあります。

ISBN 978-4-08-721137-5 C0236

Printed in Japan

a pilot of wisdom

集英社新書　好評既刊

社会——B

「闇学」入門	中野　純
100年後の人々へ	小出裕章
リニア新幹線 巨大プロジェクトの「真実」	橋山禮治郎
人間って何ですか？	夢枕　獏　ほか
東アジアの危機「本と新聞の大学」講義録	一色　清／姜尚中　ほか
不敵のジャーナリスト 筑紫哲也の流儀と思想	佐高　信
騒乱、混乱、波乱！ ありえない中国	小林史憲
なぜか結果を出す人の理由	野村克也
イスラム戦争 中東崩壊と欧米の敗北	内藤正典
沖縄の米軍基地「県外移設」を考える	高橋哲哉
日本の大問題「10年後」を考える——「本と新聞の大学」講義録	一色　清／姜尚中　ほか
原発訴訟が社会を変える	河合弘之
奇跡の村 地方は「人」で再生する	相川俊英
日本の犬猫は幸せか 動物保護施設アークの25年	エリザベス・オリバー
おとなの始末	落合恵子
性のタブーのない日本	橋本　治
ジャーナリストはなぜ「戦場」へ行くのか	危険地報道を考えるジャーナリストの会・編
医療再生 日本とアメリカの現場から	大木隆生
ブームをつくる 人がみずから動く仕組み	殿村美樹
「18歳選挙権」で社会はどう変わるか	林　大介
3.11後の叛乱 反原連・しばき隊・SEALDs	笠井　潔／野間易通
「戦後80年」はあるのか——「本と新聞の大学」講義録	一色　清／姜尚中　ほか
非モテの品格 男にとって「弱さ」とは何か	杉田俊介
「イスラム国」はテロの元凶ではない	川上泰徳
日本人　失格	田村　淳
たとえ世界が終わっても その先の日本を生きる君たちへ	橋本　治
あなたの隣の放射能汚染ゴミ	まさのあつこ
マンションは日本人を幸せにするか	榊　淳司
敗者の想像力	加藤典洋
人間の居場所	田原　牧
いとも優雅な意地悪の教本	橋本　治
世界のタブー	阿門　禮
明治維新150年を考える——「本と新聞の大学」講義録	一色　清／姜尚中　ほか

a pilot of wisdom

「富士そば」は、なぜアルバイトにボーナスを出すのか　丹 道夫
男と女の理不尽な愉しみ　林 真理子／壇 蜜
欲望する「ことば」 「社会記号」とマーケティング　嶋 浩一郎／松井 剛
ぼくたちはこの国をこんなふうに愛することに決めた　高橋源一郎
ペンの力　浅田 次郎／吉岡 忍
「東北のハワイ」は、なぜV字回復したのか スパリゾートハワイアンズの奇跡　清水 一利
村の酒屋を復活させる 田沢ワイン村の挑戦　玉村 豊男
デジタル・ポピュリズム 操作される世論と民主主義　福田 直子
戦後と災後の間——溶融するメディアと社会　吉見 俊哉
「定年後」はお寺が居場所　星野 哲
ルポ 漂流する民主主義　真鍋 弘樹
ルポ ひきこもり未満　池上 正樹
中国人のこころ 「ことば」からみる思考と感覚　小野 秀樹
わかりやすさの罠 池上流「知る力」の鍛え方　池上 彰
メディアは誰のものか——「本と新聞の大学」講義録　一色 清／姜 尚中 ほか
京大的アホがなぜ必要か　酒井 敏
天井のない監獄 ガザの声を聴け！　清田 明宏

限界のタワーマンション　榊 淳司
日本人は「やめる練習」がたりてない　野本 響子
俺たちはどう生きるか　大竹まこと
「他者」の起源 ノーベル賞作家のハーバード連続講演録　トニ・モリスン
言い訳 関東芸人はなぜM-1で勝てないのか　ナイツ塙 宣之
自己検証・危険地報道　安田純平 ほか
都市は文化《アート》でよみがえる　大林 剛郎
「言葉」が暴走する時代の処世術　太田 光／山極 寿一
性風俗シングルマザー　坂爪 真吾
美意識の値段　山口 桂
ストライキ2.0 ブラック企業と闘う武器　今野 晴貴
香港デモ戦記　小川 善照
ことばの危機 大学入試改革・教育政策を問う　東京大学文学部広報委員会・編
国家と移民 外国人労働者と日本の未来　鳥井 一平
LGBTとハラスメント　神谷 悠一／松岡 宗嗣
変われ！ 東京 自由で、ゆるくて、閉じない都市　隈 研吾／清野 由美
東京裏返し 社会学的街歩きガイド　吉見 俊哉

a pilot of wisdom

集英社新書　好評既刊

ことばの危機　大学入試改革・教育政策を問う
阿部公彦／沼野充義／納富信留／大西克也／安藤　宏
東京大学文学部広報委員会・編　1024-B
「実用性」を強調し、文学を軽視しようとする教育政策はいかなる点で問題なのか。東大文学部の必読講演録。

国家と移民　外国人労働者と日本の未来
鳥井一平　1025-B
技能実習生に「時給三〇〇円」の奴隷労働を強いる日本社会が、持続可能な「移民社会」になる条件を解説。

「慵斎叢話」15世紀朝鮮奇譚の世界
野崎充彦　1026-D
科挙合格官僚・成俔が著した、儒教社会への先入観を打ち破る奇異譚を繙く、朝鮮古典回帰のすすめ。

LGBTとハラスメント
神谷悠一／松岡宗嗣　1027-B
いまだに失言や炎上事例が後を絶たない分野の「よくある勘違い」や「新常識」を実践的に紹介する。

変われ！　東京　自由で、ゆるくて、閉じない都市
隈　研吾／清野由美　1028-B
コロナ後の東京はどう変わるのか。都市生活者に「小さな場所」という新たな可能性を提示する。

「生存競争《サバイバル》」教育への反抗
神代健彦　1029-E
低迷する日本経済を教育で挽回しようとする日本の教育政策への、教育学からの反抗。確かな希望の書！

谷崎潤一郎　性慾と文学
千葉俊二　1030-F
谷崎研究の第一人者が作品を詳細に検証。魅惑的な女性の美しさを描き続けた作家の人生観に迫る。

英米文学者と読む「約束のネバーランド」
戸田　慧　1031-F
気鋭の研究者が大ヒット漫画を文学や宗教から分析。大人気作品の考察本にして英米文学・文化の入門書。

全体主義の克服
マルクス・ガブリエル／中島隆博　1032-C
世界は新たな全体主義に巻き込まれつつある。その現象を哲学的に分析し、克服の道を示す画期的な対談！

東京裏返し　社会学的街歩きガイド
吉見俊哉　1033-B
周縁化されてきた都心北部はいま中心へと「裏返し」されようとしている。マップと共に都市の記憶を辿る。